大夏书系·教育艺术

洪耀伟 编著

# 打造最美的教室

教室环境布置
创意设计
与典型案例

华东师范大学出版社
全国百佳图书出版单位
·上海·

**序言 以美蕴德，行不言之教** /1

## 第一章 相约最美教室

> 教室是师生共同成长的心灵家园，打造最美教室，营造温馨环境，增强班集体凝聚力和师生的归属感，是学生成长的需求，是班主任工作室团队专业化发展的需求，同时也是基层班主任建班育人的需求……

最美风教室 /3

## 第二章 活力四射的空间

> 用历史的智慧指导现实，用历史的眼光诠释世界，引发思维的碰撞，激发学生积极思考和对知识产生新的洞察。

和雅风教室 /27
动感风教室 /52
能量风教室 /73

## 第三章 知识学习的空间

> 教育必须包含使人为善的意图和努力,而学科育人恰好是一种很好的实现方式。力图将真善美融入学科中,融入教学语言中,是实现德育意图的有效尝试。

  乐学风教室　/101
  学科风教室　/130

## 第四章 节日传承的空间

> 尊重每一个个体的不同,探求学生成长的需求。用真心赢得学生们的真情,用努力带动学生的努力!

  节日风教室　/155
  中国风教室　/175

## 第五章 与时俱进的空间

> 做孩子前行道路上的灯塔,不让一个孩子掉队。激发出每一个孩子向前的动力,学会真善美,为将来的人生之路作好铺垫。

  环保风教室　/203
  乡土风教室　/231
  海派风教室　/254

**后记**　各美其美,美美与共　/269

# 序言　以美蕴德，行不言之教

上海市闵行区浦江一中校长　汤　林

孔子在齐国闻得《韶》乐，三月不知肉味，非常自觉地把"美"当成他办学的内容之一。他认为"礼"虽可安上治民，但"乐"亦能移风易俗，要治理好一个国家，"礼""乐"是相辅相成的。如果把一间教室理解成一个教育王国，那"最美的教室"所蕴含的就是洪老师及其所带领的这些班主任治国安邦的"礼"和"乐"。他们把"美"字融入繁杂琐碎的班主任常规工作之中，让诸多的教育内容融会其中，让它有了诗一般的灵性，这与当下"五育"并举的说法不谋而合。这也是洪耀伟班主任名师工作室对"教室"这一教育王国不断地思考，以及带着新一批学员一年来共同研究与实践的成果。

如果说她的姊妹篇《理想的教室》介绍的是如柴米油盐酱醋茶般基本实用的班主任工作方法，那么《打造最美的教室》就是告诉我们怎样创造出有自己特色的有品牌的柴米油盐酱醋茶。本书共分五个部分、由十一个风格不一的教室组成。这十一个教室展示的是十一位班主任、十一个班级的故事，也是十所学校德育工作各自特色的展示窗口。本书由洪老师的"最美风"开始，依次是十位老师的"和雅风""动感风""能量风""乐学风""学科风""节日风""中国风""环保风""乡土风""海派风"。细细读来，仿佛就是在读一个个教育王国的国志。书中记载了这些老师和孩子们的成长经历、接班的故事、观念冲突、班级文化风格的设计与选择等，反映了许多对应学生年龄特征的现象以及诸多他们所关注的问题。每一种风格形成的过程都展示了班主任们独特的教育探索。比如有些班级文化设计就像开放的项目化学习，需要到社区去考察、了解周边生活信息资料，把资料收集回来之后要组织学生讨论交流，再整理拟定一个主题风格，最后才是制作上墙。这种民主、自由、开放、合作的文化不就是我们当下所崇尚的一种班风、学风、教风吗？

为了方便读者能找到品牌塑造与经营过程，书中在每个风格教室中按照"国情"列出了代表它们"最美风"的名字、班级照片、引言、班主任简介、带班理念，以及为什么会有"最美风"背后的故事——是"遇到风波"后的"不得不"，还是基于"美，贵在发现"的身在宝山中的大发现？另外，在每个感人故事后还奉上了他们珍藏的秘密武器——一个可以让你美出天际的"资源包"。

如果细细阅读这本书，我们会发现，这些班主任不是把教室的环境布置、文化设计当成任务来完成，而是把一间小小的教室当成一份事业来做，他们和孩子们一起置身于一个生机勃勃的自由、民主的教育王国里，共同设计最美教室的蓝图、目标、行动口号、制度管理规则，调动所有能调动的如学科的、人文的、时代的、地域的、时尚的等因素，创造出一个个"美丽的王国"。让"立德育人"如春雨那样"随风潜入夜，润物细无声"，吸引人，打动人，帮助孩子们明辨是非，知善恶，识美丑，以"善"为美，以"有德"为美，以树立崇高的理想为美，从而提高"做一个真正有益于人民的人"的自觉性。

在这个"多元"的时代，连价值观也往往会被多元化，"培养什么样的人、如何培养人、为谁培养人"是当下教育要回答的问题。"立德树人"处于首位，但怎么去做？实施素质教育的关键，不就是要将道德、知识等教育转化为人的一种精神素质，并使之成为真善美相统一的人格吗？洪老师与他的学员团队走出了一条新路子。在他们具体的工作中，坚持以美树德，以美引善，以美启真，把新时代社会主义核心价值观与班集体建设融为一体。这是一个极有启迪意义的实践，这本书就是他们的行动纲领，展示了他们实践的路径、方法与成果。"最美教室"的价值追求冲破了狭隘的教育功利主义，形成了一种开放、自由、积极的教育形态，把班主任与孩子们的生命活力、潜力激发起来，并使之形成一个有机体，这也让他们和他们的集体成了"最美的"新时代者。

# 第一章
# 相约最美教室

## 最美风教室

孩子们在运动会入场式上

  人创造环境，环境塑造人。
  教室是师生共同成长的心灵家园，打造最美教室，营造温馨环境，增强班集体凝聚力和师生的归属感，是学生成长的需求，是班主任工作室团队专业化发展的需求，同时也是基层班主任建班育人的需求……

——上海市闵行区浦江一中 洪耀伟

**作者简介：**

洪耀伟，上海市德育特级教师，上海市闵行区浦江第一中学美术教师、班主任，上海市班主任带头人工作室主持人，国家二级心理咨询师。曾获全国优秀教师、上海市劳动模范、上海市教书育人楷模、上海市优秀班主任等20余项荣誉。曾荣膺《班主任》《班主任之友》封面人物。所带班级多次荣获上海市、区先进班集体。2012年代表上海市参加首届长三角地区班主任基本功大赛并荣获"一等奖"。编著《理想的教室——教室环境布置和空间设计利用》一书，并有多篇论文、案例获奖或发表。

**带班理念：**

把爱和美的种子播撒在每个学生的心田。

最美的教室，洋溢着生命活力；

最美的教室，充满着人文关怀；

最美的教室，散发着浓浓书香；

最美的教室，是师生心灵沟通的桥梁；

最美的教室，是学生张扬个性的舞台；

……

## 【缘起】

### 一、石头上也能画画?

几年前的五一小长假,我带女儿到黄浦江边的公园玩,公园里正在铺路,零散地堆着一些鹅卵石。临走的时候,她捡了好几块,我觉得很奇怪,问她:"这个石头很普通啊,捡来做什么呢?"没想到女儿却对我说:"爸爸,你是美术老师,你有没有想过在石头上画画啊?"我忙夸奖她的创意,对在石头上画画,也期待起来。回到家,我们便迫不及待地进行了试验(图1)。

图1 与孩子、家人一起创作的石头画

后来,我又把石头画推广到我任教的年级中,开展了"石头画拓展课",

学生很喜欢，创作的作品也很棒。

通过画石头，我深有感触：我带的每一位学生、每一个班集体，我和学生所处的每一间教室，不也像是一块块普通的石头吗？如果要把他们从普通的石头变成一件件精美的艺术品，就需要用心描绘，用爱刻画……

## 二、美术老师也能做班主任？

一个偶然的机会，我走上了班主任的工作岗位，一干就是 18 年。起初，美术老师担任班主任，家长和学生有许多顾虑和质疑，甚至偶尔连我也会怀疑自己。后来我想，非工具学科担任班主任固然有许多短板，但同时也有独特的优势。担任班主任后，除了做好常规的班级管理工作，我将个人专业特长和班集体建设相结合，以美导航、以美育德，渐渐赢得了学生、家长的认可。其中，打造最美教室，进行班级环境文化建设，就是一个很好的抓手和载体。

我一直认为：做一名班主任，除了要富有爱心、责任心、班级管理的智慧与艺术之外，还要热爱生活，更要懂得美，只有这样，才能教出懂得美、热爱生活的学生！

## 三、一群人，一起走

2013 年，我有幸被选拔为上海市班主任带头人，领衔上海市班主任工作室，截至 2019 年，已带了三期市级工作室。带团队需要任务驱动、项目引领，如何选择合适的项目进行实践研究呢？工作室学员都是来自上海市各区优秀的骨干班主任，在确定工作室研究项目时，我征询团队的意见、进行基层调研后发现：不论是学生还是班主任都认为进行教室环境文化建设很有必要，大家认为美丽温馨的教室环境不仅能使人身心愉悦，还能建立良好的班级形象，增强凝聚力，使师生们更加有归属感。

最终，我们确立了工作室的研究项目——打造最美教室。我们走进教室，走进学生心灵，用智慧带领学生进行教室布置研究，完成课题，写出了这本书。

【创美】

## 一、什么是美

### （一）简单就是美

朋友家装修时找到我说："你给我点建议，看看怎么装才更美。"我回答他："家装我还真不专业，不过我可以和你探讨一些关于美的常识……"教室布置和家庭装修有异曲同工之处。首要原则是简单、简洁。把必要必需的物品放置在教室空间中，舍弃多余的、可有可无的东西。教室物品摆放简单，教室环境显得简洁。教室里学生本来就多，再加上课桌椅、劳动工具等，活动空间有限，所以教室物品留下必要的即可。

我的班级有40位学生，我通常会放置41套桌椅，多余的一套桌椅可以给任课教师批改作业或辅导个别学生时用，剩下的桌椅清理出去，这样，教室就会显得整洁而有序。如果多出好几张桌椅，不仅浪费资源，还会使教室显得局促拥挤，让人有累赘之感。

简单就是美，我们既要关注教室整体布局，也要考虑到让学生有充足的活动空间。从视觉审美方面看，也更加美观。虽然只是教室布置的小策略，但也充分表达出对学生成长的一种人文关怀。

日本的家庭主妇善于收纳，提出一个核心理念"断舍离"，建议精简家居物品，把多余的、长期不用的物品及时清理或舍弃。断舍离的意义不仅是一种生活方式，更是一种通过改良外在进而改善精神世界的方式。教室空间设计也是如此，恰到好处地摆放物品，引导学生改变教室空间布局，在潜移默化中使学生得到教育。

### （二）变化产生美

"变化产生美"是第二原则。在"简单就是美"的原则之上，这个"变化"是适当的。在最美教室里，自主设计的组合式储物柜就体现了"变化"这一原则。（见图2）

以我们教室后面的储物柜为例。为了给学生一个独立储物空间，用于存放课本或生活用品，我校在教室里给每位学生都配有一个储物柜子。之前的柜子是铁制的，有些笨重，还特别容易损坏，学生打闹碰到还会弄得"满目疮痍"。新学年学生到新的年级要换楼层，搬柜子时，非常吃力。打造最美教室，我便和学生共同设计了如今新的储物柜，材质轻便，还很耐用。重量和塑料类似，用了近四年还像新的一样。换班级和楼层时，一个男生一次可以搬动好几个。它最大的优点是组合方便，可以像搭积木一样创意组合，柜子色彩也是我和学生自行选择搭配的，宝蓝色和浅灰色明快又不失和谐，很适合中学生。

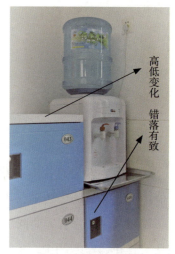

图2　教室里的储物柜

这个储物柜的设计体现了"变化产生美"的原则。组装时最右侧少放一格柜子，刚好能容纳一个饮水机，这样简单的一点变化，不仅实用，还能产生错落有致的美感。这个道理如同画一幅画，画面中圆的形状或元素太多，要用方形或其他形状去破，直线太多要用曲线去对比，点线面组合变化才能产生一幅精美的作品。储物柜最左边的柜子要比其他柜子高出很多，这个柜子是用来做什么的呢？它是我们教室里隐藏的卫生角，扫帚、拖把、畚箕、水桶等劳动工具都存放在里面。这种材质的柜子，只要里面及时打扫清理，材料环保，存放劳动工具不会有异味。想想看，如果走进一间教室，迎面而来的是一个卫生角，面对林林总总的劳动工具，即使摆放整齐，从感官上讲也不是很舒服，而隐形的卫生角恰好巧妙地解决了这个问题。

## 二、美从哪里来

### （一）美从学生中来

班级要"人人有事做，事事有人做"，学生是班级的主人，也是教室环境布置的主角。作为班主任,主要是做好统筹和指导工作,因此如何挖掘学生的潜能,指导学生进行班级环境布置就显得更加重要。我把班级的宣传委员戏称为"艺术总监",而且还不止设一位"总监"。我们班级有四大组,每组选拔一位同学担任"艺术总监"。选拔不难,只要观察他们在美术课上的表现就能发现哪些孩子适合担此重任,选拔后再对其进行针对性的指导。以班级后墙的黑板报为例:我们班级的黑板报材质方便、环保,以松软的材质或压制的木屑板为底,表面上蒙一层绒布,这样可以直接用图钉或大头针将纸质内容往上固定。

起始年级,我会带着学生一起布置,这对学生和"总监"来说是个很好的培训机会,比如可以借机指导他们黑板报的版面如何分割、标题如何设计、色彩如何搭配、内容如何选择等。一个学年之后,班主任就可以放手,让"总监"带着组员完成布置。黑板报学校每月检查一次,四个"总监"分别带领各自的小组成员完成一次,这既是一次小组内部协作,也是一次小组与小组之间的PK。班主任要做的,就是放手。孩子们很聪明,也很有创意,你给他们一份信任,一个平台,他们就会还你一份精彩和奇迹。

我们的黑板报陆续开辟了以下几个栏目:"美文氧吧"(主要用于展示学生的优秀作文或推荐的美文)、"小荷初露"(主要用于展示学生作业、美术作品等)、"我行我秀"(记录学生学习生活和才艺的文字或照片)、"践行社会主义核心价值观"等。社会主义核心价值观的概念,对中小学生来说还是相对抽象的,但是如果用一些朗朗上口的儿歌、漫画卡通、比较直观的图片等来说明,就会易于理解,令人印象深刻(见表1)。

表1 版面分割、颜色搭配、标题设计范例

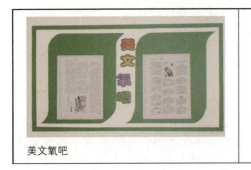

美文氧吧

我行我秀

续表

践行社会主义核心价值观

中招专栏

星语心愿

寒假生活

所以,班级环境布置中要多运用学生喜闻乐见的形式和容易接受的方式,这样才更有实效。其实,教育也是如此,选择学生感兴趣的话题,他们就容易接受。此外,我们增设了"时政热点"(关注社会热点和国际新形势及重大时事新闻)、"先辈的旗帜"(传承传统文化和中国精神)、快乐假期(晒一晒假期丰富的学习及生活)、"国风曲韵"(了解音乐戏曲等艺术,增强人文素养,提高审美能力)等栏目。到了初三,除了这些常规栏目,板报布置还要和升学考试、中考资讯相结合,进行励志教育和理想信念教育,因此我们还先后增设了"中考加油站""中招专栏""星语心愿"等栏目。

总之,打造最美教室,要发挥学生的主人翁意识,更要遵循学生的成长规律和身心发展特点。

## (二)美从细节中来

图3是我们教室的右侧前墙壁,分设有"班主任寄语""我们的约定"和"中队小家务"等栏目。"班主任寄语"是每学期班主任在新学期对学生

说的话,多是对集体的期望和鼓励;"我们的约定"则是师生共同制定的班级规章制度。起始年级,学生刚从小学升入初中,此阶段是一个过渡期,所以更多采用了朗朗上口的儿歌和顺口溜。随着年级逐渐上升,班规的形式和内容都需要进行不断完善,而且这个过程需要老师和学生共同参与,如果仅是班主任制定而没有学生参与,那么这个班规只是老师单方面的,学生不会深度认同,也不会严格遵守。因为真正的班规是班主任和学生共同制定的,而且班规要体现人性化,最好还要有一些趣味性。比如,讨论上学该不该带零食,不能带的原因、可以带的食物、可以吃的时间等都是要考虑的因素。针对这一问题,经过师生、家长共同讨论认为:初中正是学生身体生长发育的关键时期,随着孩子年龄的增长,特别是到了初二初三,升学压力大,课业负担重,放学也较晚,可以适当带点零食补充能量。至于可以带什么?大家讨论确定面包、点心、牛奶、水果这些都可以适当地带到学校,而糖果、薯片、有刺激性气味的食品则不建议带到学校来。带到学校的零食,是不是随便什么时候吃都可以呢?这需要讨论决定。

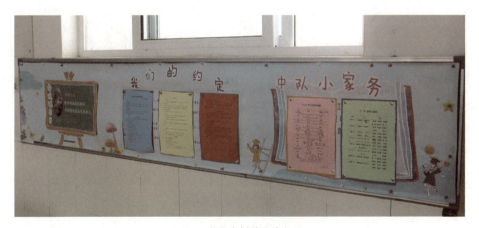

图3 教室右侧前墙壁布置

我们有三条规定:无特殊情况,上午第2、3节课间可以吃,下午第2、3节课间可以吃。规矩一旦定下来,就要求学生严格执行,如果违规携带了班规中约定不可以携带的零食怎么办?不在规定时间内吃零食怎么办?我们约法三章,定了个比较好玩的规定:如果违反规定,就把相同的食物买来分发给每位同学。到现在,这方面还没有学生被惩罚过。也许,这个规定不是很科学,但有一定的趣味性在其中。比起常规班规中的"禁止"怎么样、"不要"怎么样,更能让学生接受,也更容易执行。此外,上学迟到了怎么办?迟到次数多了又要怎么惩罚?我们也通过讨论作出决定:迟到一次提醒;迟到两次,第二天需提早五分钟到门口迎接每一位同学和老师的到来。

教室右侧后墙壁上是"我们的成长足迹"栏目(图4),这个栏目主要是晒一晒学生丰富的课余生活。比如,军训、运动会、社会实践等活动结束后,学生会把精彩的记录、感悟和照片进行展示,有的图片还添加了学生的内心独白和感悟,用的大多是00后新生代语言,这大概也算是一种个性互动吧。我们还有一个保留栏目——"学长驾到",即请以前毕业的学长、学姐回校和学生对话,用自己的成长经历和故事来激励学生。为什么会想到开设这样一个栏目呢?因为有时候,相对教师而言,同龄人或者与学生年龄接近的青少年对学生的影响力更大,教育的时效性要高,而且事实证明也确实如此。

图4 教室右侧后墙壁布置

图5是我们教室的"橱柜名片",班级储物柜的柜门上都有学生的名字,为了发挥它们的育人功能,我们会定期将学生的获奖信息经过处理装饰,贴到柜门上进行展示,一开始是黑白的,后来又有了"彩色升级版"。

黑白橱柜名片　　　　　　　　升级版橱柜名片

图 5　教室橱柜上的特色名片

除橱柜之外，教室内外的其他空间也能被有效利用，彰显教室文化的特色（见表 2）。

表 2　各种布置空间的有效利用

教室门口储物柜上的个性头像
图片来源：北大附属嘉兴实验

教室外走廊拐角墙壁上的学生作品秀
图片来源：协和双语

续 表

走廊墙壁上的各学科作品分类展示
图片来源：协和双语

悬挂在走廊上的"新年祝福"
图片来源：协和双语

教室门上的温馨装饰
图片来源：协和双语

专用教室中展示的二十四节气传统文化
图片来源：协和双语

### （三）美从功能中来

教室环境布置不仅要追求感官上的"美"，注重实用性，更要彰显其育人功能。关于这个问题，我借用教室里的一个"神器"——雨伞架来阐述这一观点。为什么要在教室里备一个雨伞架呢？因为上海是个相对多雨的城市，每到下雨天，一走进教室，我就会感到不舒服。我总能看到教室窗台上、走廊上、地面瓷砖上扔得到处都是雨伞，首先是不够整洁，其次还存在一定的安全隐患，雨伞上的水滴滴到瓷砖上，孩子们踩过之后，又脏又滑，很容易发生安全事故。

如何解决这一问题呢？我在美术课上讲"产品设计"的内容时，引导学生共同为班级设计一个雨伞架。雨伞架的大小和位置在定制储物柜时就预留好了，设计完草图之后，拿到铝合金店进行加工定制。它的造型采用了流线型，这也符合前面我们讲过的"简洁就是美"的原则。雨伞架采取了不锈钢材质，能折叠，底部还装有几个小轮子，这样推进推出比较方便，在下方有一个配套的铝合金托盘，挂好的雨伞上的水会滴进托盘，最后统一倾倒，可以避免地面湿滑。（见图6）

自从雨伞架做好之后，之前乱放雨伞的现象再也没有发生过。下雨天，第一个来到班级的孩子会主动把雨伞架推到走廊门口，然后把铝合金的托盘垫在下面，把自己的雨伞挂好，其他学生来后，看到门口的雨伞架，也都把雨伞整齐地挂起来。40多把伞，孩子们挂得整整齐齐，即使是在下雨天，教室里也干干净净，整洁舒适。放学后，最后一个离开的孩子拿好伞后，会主动把托盘里的水清理掉，并把雨伞架轻轻地推到原位。不下雨时，雨伞架便和卫生角融为一体。所以，这不单单是一个雨伞架，也不仅仅是教室环境布置中的一个硬件，它除了能使下雨天的教室保持干净、整洁、安全之外，还能培养班级学生的主人翁意识和集体责任感，提高孩子们为别人服务的意识。

教室硬环境和软环境不是割裂开来的，而是相辅相成、互相渗透的。教室的环境文化布置工作，除了是身为班主任必要的智慧和艺术，更需要用心用情，事无巨细，即你做的每件事都是从为学生发展成长服务的角度去思考。

打造最美教室，除了考虑其审美功能，还要考虑其实用功能，更要注重育人功能，只有这样三者有机融合，才是"最美"教室。

图6 私人定制的雨伞架

## 三、怎样传承美

### （一）在创新中传承

打造最美教室，除了求新求变，鼓励创新和创意外，还要注重其传承性。图 7 是我们教室里前黑板的分割和利用。为什么会考虑对教室里的前黑板分割利用呢？这源于我校教室前黑板的特点。首先是比较大，其次是女教师相对多些，所以黑板最上边和边角料区域板书利用率不高。所以，我们就尝试开发了多个功能区域，比如生日祝贺区、温馨提示区、经典诵读区、小组争星区、值日班长区、每日课表区等。

图 7　教师前黑板的分割和利用

比如温馨提示区：有时老师需要找某个学生，人多不便，就可以在这里留言，由于教室前黑板区域相对较醒目，效果很好；生日祝贺区：当有学生过生日时，师生会及时送上祝福，效果也特别好。

我要重点介绍一下经典诵读区（图 8）。在上海，带一届初中生需要四年时间，一般我和学生会利用前两年的时间，学习完国学经典《三字经》和《弟子规》。怎么学？先按学号轮流书写，然后按学号轮流释义。谁写了，就为大家分享解释这句话是什么意思。光解释还不够，还要按学号轮流上来领诵。什么时候领诵？利用非工具学科的课前两分钟时间。预备铃响后，本节课的书本、学具准备好，就开始领诵《三字经》和《弟子规》，时间长了，

图8 教室前黑板的经典诵读区

潜移默化,学生学习诵读了很多国学经典,不仅锻炼了书写水平、语言表达能力,还提高了人文素养。

通过经典诵读区和学生一起学习,我也爱上了国学经典。我先后利用学生早自修的时间和学生一起读书。利用这些碎片化的时间,我先后读完了《论语》《大学》《中庸》等经典著作。一开始,有很多字我不太认识,便先借来青少年注音版将其读熟,再去尝试读和原作比较接近的范本。如果说教室前黑板的分割是一种创新的话,那么经典诵读的做法就是一种传承。

(二)在管理中传承

打造最美教室,有了前期的布置,后期还需要注入艺术的管理,才能使最美教室具有持续性和发展性。

班级文化建设的目的是让学生朝着教育所希冀的目标发展,所以在教室环境文化建设中,班主任除了做好舵手之外,还要充分发挥学生的作用,激发他们的创造力和想象力,让学生用双手和智慧创造出富有特色且自己喜欢的教室环境,并在此基础上把班级管理智慧和班级环境文化建设相结合,使教室文化环境建设得到进一步可持续性的发展。

作为班主任，每天的工作千头万绪，下意识里我们也许会特别喜欢那些能干、聪明的孩子，但还有部分孩子领悟力不强或动作相对迟缓，有些事情你说了好几遍，可能他还没理解。殊不知，一个优秀的班集体，每位学生都要有归属感，班集体更要有凝聚力。如何提高学生的存在感呢？我尝试把班级事务分成若干个小岗位，调动每个人为班级服务的积极性，也就是我们平时讲的：班级要人人有事做，事事有人做。我把这个活动称为"岗位冠名"。

我以班级饮水机为例进行介绍。我们班级的饮水机平时是男生按学号轮流搬水、换水，一般情况下，大家换水很及时，但有时轮到换水的孩子恰好去办公室订正作业或不在教室，换水就不是那么及时了。另外，每次上完体育课，也会出现状况，孩子们运动完口渴难耐，距下一节上课的时间又短，所以排队不像平时那么守秩序，接水也没有平时那么稳当，水滴在地上，学生踩过后，饮水机的附近便一片狼藉。面对这种情况，和学生商议后，我们决定举行对饮水机的岗位进行冠名活动。班会课上，一名男生主动提出希望担此重任，于是就有了这张"饮水机岗位冠名"的铭牌（图9），这是用他的名字冠名的，自从上任后，以前和饮水机有关的问题逐渐得到有效解决。

图10是我们班级讲台的岗位冠名。班级的讲台本来是放在教室黑板前正中央，后来考虑到要把更多的空间让给学生，经过商议，我们将讲台放到了角落里，弧形设计巧妙合理地利用了教室墙角的空间。为什么会想到讲台

图9 饮水机岗位冠名铭牌

图10 讲台岗位冠名铭牌

也要冠名呢？因为桌面经常会很凌乱，特别是到了初二、初三，有些物理、化学的小实验还会在教室里做，所以下课之后，需要及时清理。这时岗位冠名的孩子就会及时将讲台收拾得干干净净。此外，她还富有创意地买了一束小花做装饰，让严肃的讲台平添了一份温馨。

也许有的班主任会说，岗位冠名固然新鲜，可能一开始学生会有三分钟热度，但新鲜劲过了，还能够保持热情吗？这也是我所担心的，该如何解决这个问题呢？在每学期的开学，我都会用一节主题班会对岗位冠名的效果进行表彰和巩固。班主任除了关注成绩，对考得好的学生进行表彰外，班级其他方面也应该纳入表彰鼓励的范畴。我们会评选出"学习之星""服务之星""运动之星"，并进行大张旗鼓的表彰，这其中的"服务之星"就包括对岗位冠名同学的表彰。目的就是要引导学生做一个全面发展的人。这个表彰对于岗位冠名的同学就像一针强心剂，激励着他们在自己的岗位上做得更好。同时，对于一些不是很合适的岗位，班主任要定期进行适当的调整。这样，孩子们在老师的鼓励下，在各自的岗位上都能做得很好。

我们班级的书橱也是有专人冠名的（图11）。挑人选时，我跟这位女生开玩笑："你的头发每天梳得像航空公司的空姐，你一定能管理好这个岗位。"这句话很神奇，这个女生初中几年里，很少变换发型，头发每天梳理得一丝不苟，油光可鉴。她在这个岗位也做得很好，把书橱整理得井井有条，一尘不染。她的名字里有个

图11　书橱岗位冠名铭牌

"雅"字，我就把书橱岗位冠名的名片取名为"小雅书舍"。她不仅负责清洁整理书橱，还定期带学生去图书馆借书、换书。

所以，打造最美教室，让教室布置具有可持续性和发展性，要发挥学生的主人翁意识。作为班主任，还要充分信任学生，给学生搭建平台，让他们展示自我，重拾自信，并把自信运用到平时的学习和生活中。总之，给学生一分信任，学生会还我们一分精彩！

## （三）在真善美中传承

图12是我教的2016届毕业班的教室，当时奖状贴满了四壁，殊不知，几天后他们就要毕业离开学校了。即使如此，我还是和孩子们把教室打扫得一尘不染。往届孩子毕业前，为了发泄中考带来的紧张压力和情绪，喜欢撕书、扔东西，往往把教室搞得一片狼藉。但是这一届学生，我给他们提出了新要求：我们毕业了，即将要离开母校，但我们的教室里会来一批新的学生、老师，我们也许不知道会是谁，但是我们要考虑别人，尽量给他们留下一个干净、整洁、有序的教室。接着我让学生做了以下事：要毕业了，请你把储物柜的钥匙交给我。有的学生的钥匙断了，有的学生的丢了，我把备用钥匙给他们，请他们回去重新配制好交给我。钥匙收齐后，我便邀请生活委员到总务处去领一个钥匙圈，按编号编好顺序，放在储物柜上。我想开学后进来的班主任和老师一定会记住这串钥匙，并受到触动，我希望他们能把这种触动传递下去。所以，德育不是说教，更多的是言传身教，是真善美的传递。而当下一位班主任看到整整齐齐的教室，看到这么细致的钥匙的时候，他一定会感动，这也是我们打造理想教室的初衷，也是我带班的理念。

图12　2016届毕业班教室

## （四）在与时俱进中传承

近年来，上海在实行垃圾分类方面取得了不少经验，这也反映出社会进步和人们对环保的重视。打造最美教室也要体现绿色环保。基于此，我首先在毕业班级倡议进行两项捐赠活动：第一个是捐校服。为什么要捐校服呢？通过观察我发现，初二的孩子即将升入初三，个子长高了，而校服小了或校裤短了，重新买校服吧，不到一年的时间就要毕业了，几百块钱的衣服，穿不到一年，有些浪费。所以，我告诉初三毕业班的孩子，如果你的校服不用留作纪念，而且比较完好、整齐，回家辛苦你洗好熨烫好，毕业那天带到学校来捐掉。这是一件有意义的事，如果初二的孩子能用就用，多余不用的就由保洁阿姨进行环保回收。另外一个是捐课本和教辅书籍，也是给初二的学弟学妹，可以供他们暑期自主学习用，剩下的进行环保回收。

其次，我们用的工具材料要环保。比如，黑板上板书用的粉笔要无尘无害等。布置教室时可以采用废旧材料，变废为宝。记得有一次和台湾的一位老师交流，他介绍了自己的做法。比如在老师打印文稿时，只要不是特别要求的讲义，都会将纸反过来再次利用，等到用完丢弃时，也严格分类，因为页边距是没有打上铅字的，他们会将纸的页边距裁剪下来，分到另一类，而印上铅字的部分则分到另一类。听了介绍，我觉得很震撼，这种做法值得我们学习，所以在打造最美教室时，我们也要把这种理念传递给学生，让他们从小树立环保绿色的生活观念。

表3　节能环保型教室布置及装饰博览

将此图标贴在电器开关附近，可提醒学生随手关灯，节约电能。
图片来源：浦江一中

将此图标贴在盥洗室内，可提醒学生节约用水。
图片来源：浦江一中

续 表

| | |
|---|---|
| <br>用收纳袋分类摆放报纸，即节省空间，又方便取阅。<br>图片来源：大同初中 | <br>用废弃的一次性纸杯制作吊饰，新颖美观而又环保。<br>图片来源：北大附属嘉兴实验 |
| <br>用挂钩晾挂抹布，易干，不易滋生细菌。不同区域使用不同的抹布，卫生环保。<br>图片来源：浦江一中 | <br>使用磁性贴课程表，可反复使用，无需用粉笔书写，简便又环保。<br>图片来源：浦江一中 |

我们常常说：一屋不扫何以扫天下。所以，每接一个班级，我就从抓卫生、抓行规和抓教室环境布置，一步一个脚印做起。对于一个班级来说，如果教室都整理不干净，在其他方面也很难做好，我想这也是目前我们从上到下强调劳动教育的关键所在吧。

## 【憧憬】

### 一、从《理想的教室》到《打造最美的教室》

通过几年来和工作室团队走进学生、走进教室的实践研究，我们对教室环境布置和空间设计有了更深刻的认识。

最美的教室不一定要布置得多么花哨，但每天最起码要保持教室的干净和空气流通，这是实用之美；它不一定有高贵的植物和盆景，但一盆绿意盎然的吊兰却能让融融春意弥漫整个教室，这是趣味之美；它不一定需要太多豪言壮语，但几句名言警句可以时时给学生以启迪，这是教育之美；它不一定需要有多少好书，但同学们自己布置的图书角能让大家学会分享，这是分享之美……

如果说《理想的教室》一书是针对教室里的每个细节进行实践的话，那么这本《打造最美的教室》则是结合班主任的特长、学科、才艺、理念等方面打造的风格化的教室；如果说《理想的教室》是常规操作的规范，那么这本《打造最美的教室》就是教师和孩子个性张扬的成果凝固。它们应该属于姊妹篇。

### 二、从常规操作的熟练到个性魅力的绽放

教室布置，固然是一个操作性问题，但无论如何都不能止于操作。如何彰显教室本身的育人价值，如何呈现教室中的每个个体的魅力，成了我们探索的主题。

教室的主人是谁？学生当然是，但老师也是呀！

以参与工作室的老师为例，每期的工作室成员都来自上海市的不同区县，从90后新锐班主任到富有经验的优秀班主任，各自的带班方式及理念在项目研讨中不断融通，相互取长补短。有的成员来自市中心的百年老校，有的学员来自偏远的农村学校，因为面对的学生群体不同，他们在教室环

境文化的建设上也运用了不同的风格，或追求时尚，或保持传统，或另辟蹊径。

《打造最美的教室》，就是希望能够在常规布置的基础上，彰显教室的重要主体——教师，他们身上那种独特的魅力在教育教学过程中是经由怎样的路径影响孩子的。我们试图总结这个过程中的一些经验、一些模型、一些方法，最终实现从熟练于教室布置的常规操作向绽放教师个体整体魅力的探索。

我们期待更多同行的指导，期待更多的碰撞和共鸣。

第二章
# 活力四射的空间

# 和雅风教室

上海市鹤北初级中学和雅风教室的孩子们毕业啦!

"和雅"是鹤北初级中学校园文化主题,具体有分年级德育主题及教育目标:

六年级:养成教育,立雅规、践雅行,我是举止文雅的鹤北少年;
七年级:文化教育,诵雅文、育雅趣,我是情趣优雅的鹤北少年;
八年级:责任教育,颂雅德、扬雅风,我是德性儒雅的鹤北少年;
九年级:理想教育,树雅志、成雅才,我是志向高雅的鹤北少年。

**作者简介：**

朱鋆颖，鹤北初级中学班主任，七、八年级历史老师，九年级社会老师。成为一位公正民主、智慧亲和、干练高效的老师，是她追求的目标。她曾被评为闵行区优秀班主任，荣获区园丁奖，所带班级被评为区红旗中队。

**带班理念：**

用历史的智慧指导现实，用历史的眼光诠释世界，引发思维的碰撞，激发学生的积极思考和对知识产生新的洞察。尊重学生，陪伴成长，不断进行理性思考和反思重建，着力打造富于思考的班集体，在学生心里种下一棵思辨的种子，静待生命的绽放。

和而不同，雅而有致。
我们的教室温馨而雅致，
我们的集体和谐而团结，
我们的教室由我们做主，
我们为我们的教室骄傲。

图1　和雅风教室的孩子们刚出完2017学年第一期的黑板报

　　班主任的日常工作繁杂，对于教室布置常常会忽略或是心有余而力不足，我认为应该通过师生的智慧把教室布置变得更轻松、更省时、更具美感。
　　经验的积累，更关键的是掌握理念、方法和技巧，使我们的教室布置具有风格和魅力。布置契合自己班级文化的教室，让环境与内心达成和谐。
　　下文展示了一些精彩的设计，无论你是想要打造一间别致的教室还是想营造一个温馨的氛围，都会从中获得灵感。

第二章　活力四射的空间

## 【遇见问题】

### 我不想接这个班

接班之前，我万般不愿，因为5班在六年级第一学期的区质量监控中是一个门门学科薄弱的班级，连行规卫生考核也是全校垫底，经历了一个学期换两个班主任和中间年级组长托管两周的无奈局面，真是一个令人头疼的班级。校长找我谈了几次，让我接这个班，我也一直婉拒，实在推脱不掉，勉强接受。

2016年2月17日新学期的第一天，学生下午一点报到。上午我一直磨磨蹭蹭赖在原办公室不走，不愿去新年级组报到，结果六年级年级组长派学生来找我，两个女生在门口你推我我推你，终于鼓起勇气怯生生地问："您是我们的新班主任朱老师吗？"我说：是。就这样我和这个班的缘分一直延续至他们毕业，从2016年2月到2019年6月。

## 【分析问题】

人都是趋利避害的，所以面对这样的班级，我本能是回避拒绝的。尽管主观上不愿接这个班，但是既然接了，我就得认真面对这个严峻的挑战，职责所在、尽心尽责，尽我所能带好这个班。

我想起华东师范大学胡东芳教授说的班主任的首因效应：第一次要给学生一种好印象，这样才能事半功倍。要给你的部下或学生有追随感，成功的老师是你的学生和家长都信服你。

报到那天就是给学生留下第一印象的时候，我应该抓住这个契机。可是光空讲，哪怕说得再好，好像也没有什么说服力，而且全体学生报到就短短的两个多小时，要收假期作业、发新书；任课老师要来讲新学期要求；还要大扫除，真正留给我和学生交流的时间并不多。我琢磨了一下，开学都是要重新布置教室的，而且学校规定第一周还要检查评比，半天完成教室整体布置肯定来不及，况且我也不了解这个班级，但黑板报主题已定，那就用第一期的黑板报来为我造势吧。

## 【初步应对】

被学生叫到新班级后，我了解到上午来的四个女生都是来出黑板报的。按照我的设想从黑板报入手开展工作，我规定宣传小组用半天出好黑板报，以新的面貌迎接新学期的到来，并亲自指导参与。她们顿时惊呆了，今天早早过来就是准备来打持久战的，要知道以前她们出黑板报用时的最低纪录是一周，最高纪录是两周，她们还给我翻看了以前班级黑板报的照片，连她们自己也觉得不好看。四人中有二人画画功底不错，看来是败在了经验不足不会排版设计上，这次从版面设计到分工再到具体实施，我亲自上阵，全程在教室坐镇指导。

第一期的主题是"新学期新气象"。我明确地告诉她们，为了节省时间，第一次的绘画书写全部用粉笔，如果自己不会做就先从模仿开始。经过简单讨论，明确了分工：两个学生去网上搜版面，遴选出简洁美观的式样，照着画；一个学生找报头图片，要求喜庆，她找了张小猴子拿着福字中国结的图片很符合主题；一个学生找文字内容，要求符合新学期开学的主题，以鼓舞激励的文章为好。如此有条不紊地分工合作，两个小时基本搞定，就剩标题大字没写，她们觉得写不好，我就亲自示范露了一手。

如此带着她们全程来一遍，告诉她们思路和方法，正所谓"授之以鱼，不如授之以渔"。其实出黑板报不难，设计是王道，有了好的设计就成功了一半，班里总有会写会画的，所以后续不用犯愁，相信以后她们就知道该怎么做了。

完工后驻足欣赏，黑板报团队一致评价道："这是我们进入初中以来最好的一期黑板报！"我则鼓励她们"最好的是下一期"，孩子们信心倍增，一起说："对，最好的是下一期！"

下午全体学生报到，我站上讲台说的第一句话就是坚定地宣布"治乱世用重典"，身为历史老师我以史为鉴引经据典稍作解释，随即让他们回头看刚刚完工的新学期第一期黑板报，并说明这就是规则严明下讲求效率的成果。看到孩子们普遍惊讶的表情，我想这第一步应该是走对了。

## 【再思考】

著名教育家陈鹤琴曾经说过："怎样的环境的刺激，得到怎样的印象。"教室环境也像一位默默无闻的老师，静静地发挥着他特殊、潜在的教育作用，促进师生和谐发展。教室布置首先要美观，因为美才能吸引眼球引发关注，但还有一点不容忽视，就是发挥教育功能。简单说，就是要好看，也要有用——一是实用，二是影响人的作用。尽管出师告捷，但教室布置并非只有一个黑板报，如何摆脱千头万绪地疲于应对，我认为应该有一个长线的思考，进行总体规划设计。

## 【探讨方案】

尽管学校办学时间不长，但已明确提出以"和雅"为核心的文化教育主张，和而不同、雅而有致。教风博雅——为学治学皆求雅，学风文雅——读万卷书我自高雅。

努力打造"和爱儒雅"的教师团队，着力创建"和美优雅"的学校环境，倾力培养"和乐文雅"的学生群体。《论语·子路》云："君子和而不同，小人同而不和。"学校倡导师生保持"和而不同"的治学态度，培养师生雅而有致的品质情怀，营造优雅别致的校园文化氛围。

每个学生、每间教室都是学校的一分子，校园文化主题"和雅"正是通过每一处校园环境、每一间教室、每一个人散发出的"和雅"气质，方能真正彰显。那我们的教室就叫"和雅风教室"吧，可是如何布置呢？

### 一、梳理教室布置空间

每个学校教室的版面数量和位置会有些差异，但大体相似，一般有前门边的公告栏、两侧墙上的版面、后面黑板两侧的版面，以前是泡沫板，现在多为毡木板,以及后面的黑板报(有的学校黑板报也是毡木板)。甚至教室内外的墙壁、门窗也可以做文章。

我校的教室空间布局基本如下:

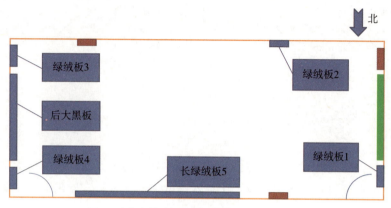

图2　上海市鹤北初级中学教室布置空间示意图

橙色为学校已统一制作并固定的版面,绿色为教室前大黑板+白板。蓝色为需要布置的区域。

## 二、梳理教室版面主题

通常学校规定教室要有一些必备版面,剩下为自定义主题的版面。我校的规定版面还是比较全面的,留给师生自由发挥的版面有限,所以分类梳理就显得尤为重要,以便能快速地厘清思路、合理分配(图3、表1)。

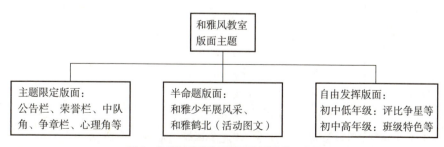

图3　和雅风教室布置版面主题分类示意图

表1 和雅风教室布置版面风格分类

| 常规版面 | 创意布置 |
| --- | --- |
| ·框架基本不动：<br>公告栏、中队角、荣誉栏<br>·定期更换内容：<br>心理角、争章、学习园地、佳作赏析、和雅鹤北、特色版块等 | ·配合活动：<br>1. 学校主题活动，如十四岁生日、班主任节等<br>2. 根据班级需要，如学生转学欢送会、毕业等<br>·学生的日常创意 |

## 三、整合教室布置资源

宣传团队先开探讨会，分门别类地开始规划需要布置的教室版面。他们一致认为常规固定版块还可以，主要在细节上做文章，布置得美观工整、赏心悦目就可以显得和而不同、雅而有致，经过四年的操练，已经熟能生巧了。但由于"和雅"这一主题很抽象，每次年级伊始，自主版块都让人无从下手，经常需要反复讨论。我提醒他们，每个年级有分年级的教育目标、重点，我们可聚焦于此，切入点小，从班级学生实际需求和最近发展点上精心策划布置（表2）。

表2 和雅风教室布置版面布局

| 前大黑板 | 左上角设计"中考倒计时"，日常教学书写 |
| --- | --- |
| 后大黑板 | 每月一期主题黑板报，由年级或学校统一布置主题 |
| 绿绒板1 | 公告栏学校规定 |
| 绿绒板2 | 荣誉栏学校规定，张贴班级奖状 |
| 绿绒板3 | 中队角学校规定 |
| 绿绒板4 | 和雅鹤北学校规定 |
| 长绿绒板5 | 各班自行设计，我们班的主题是"We are family"的学生活动照片，后利用做的窗户布置心理角"打开心扉" |
| 门窗 | 可根据班级需要稍作点缀，不宜过多 |
| 走廊 | 有学校统一制作的班级介绍 |
| 教室内墙瓷砖 | 可贴贴纸，如照片框、励志标语等，也可进行创意涂鸦等 |
| 后柜 | 门面的修饰可贴学生铭牌，也有些破损的拆除柜门放置篮筐以显得整洁 |

九年级的主题是：理想教育，树雅志、成雅才，我是志向高雅的鹤北少年。学生看了一下其他班级的教室，从中寻找灵感、避免雷同。看了一圈下来，有的是直奔主题由学生张贴理想的高中学校，有的贴上了初三时刻表，有的介绍假日小队活动。学生想与众不同，觉得我们班最大的优点是团结，尽管个人能力并不如其他班级的优秀学生，但团队能力很棒，包揽了合唱、运动会入场式、广播操、黑板报等几乎所有的学校团体类的最高奖项。所以学生一致认为我们的教室布置应该体现班级的这一特点，而且初三已是毕业班，可以"回顾历史、展望未来"（他们还特地顾及了我历史老师的身份，学以致用），于是就用最长的版面描述我们曾经难忘的那些集体活动，栏目名征集了以下备选："We are family"、用梦想赞美青春、欢乐时光、成长的足迹，最终全班33人中22人投票投给了"We are family"。

## 四、思考执行流程

环境育人，良好的教室环境有利于平和心态，赏心悦目的布置可陶冶情操、提升审美。一间用心打造的和雅教室，也体现了班主任和班级同学的智慧与态度，赋予了"和雅"更丰富的内涵。故此，教室布置如果只是少数人参与，其认同度不免会降低，教育效果也会大打折扣，所以全员参与才是正解，而且我认为这更是体现了一种以人为本的尊重。可是有时候人多未必力量大，还是需要机制的完善方能整合力量，确保过程井然有序。

具体执行流程参考如下：

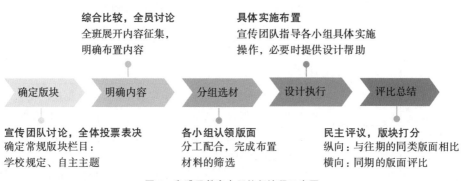

图4 和雅风教室布置执行流程示意图

## 五、总结构建"和雅风教室"布置框架

教室布置就好比是教室的软装,但又不等同于装饰,不光是为了美化环境,还应发挥教育功能,真正的和雅除了观赏的愉悦,也离不开教育实用的底色。建议结合分年级德育主题及教育目标,符合不同年级段学生的需求,体现不同年级段学生的特点。精心设计布局,将灵感付诸实现,合理长远规划,以期特色版面及时更新。几年来我不断思考总结,使教室布置变得更符合学生成长,同时经验的积累、逻辑的架构,也使得后续工作开展起来更游刃有余,用集体的智慧打造属于我们的和雅风教室。

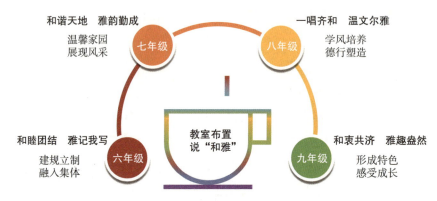

图 5 教室布置说"和雅"示意图

表 3 和雅风教室布置方案

| 年级 | 主题 | 设计思路 | 可参考版面名 |
| --- | --- | --- | --- |
| 六年级 | 和睦团结 雅记我写 | 探讨构建班级规章制度,突出团结友爱,互相帮助,发现班级中的闪光点,记录班级大事件。 | 班级守则、爱的约定、我们的小组、身边的榜样、我们都是活雷锋、感动瞬间、班级掠影、×班那些事儿。 |
| 七年级 | 和谐天地 雅韵勤成 | 通过系列活动逐渐形成温馨和谐的班级氛围,彰显班级凝聚力,同时展现个人风采,让个体在集体中被肯定、有获得感。 | 成长 ing、我爱我班、携手同行、青春绽放、佳作赏析、读书沙龙、书香园地、我型我 show、为你打 call、"我自信我出色,我努力我成功"。 |

续 表

| 年级 | 主题 | 设计思路 | 可参考版面名 |
|---|---|---|---|
| 八年级 | 一唱齐和<br>温文尔雅 | 着力打造乐学上进的良好学风，提倡合作进步，加强德行塑造培养，提供合适平台，引导学生合理地进行交流质疑争鸣。 | 谁与争锋、你追我赶、学习驿站、××（学科）擂台赛、趣味××（学科）、天道酬勤、学海泛舟、乘风破浪、各抒己见、七嘴八舌留言板。 |
| 九年级 | 和衷共济<br>雅趣盎然 | 回忆点滴成长，珍惜同窗情谊，一群人、在一起、一起拼、一定行，凝心聚力共度初三。 | "We are family"、趣闻轶事、用梦想赞美青春、欢乐时光、成长的足迹、记忆窗、美文荐读。 |

【具体实施】

一、解析步骤

下文以图4中的"设计执行"环节为例展开说明。

第一步：观察丈量版面，合理布局，大致计算所需材料。

第二步：打印所需材料，如栏目名（试验下来，"华文彩云""空心行楷"效果不错，中空部分可上色或直接用彩纸打印）、张贴的文字稿等。

第三步：绘制图片、购买一些小贴画或制作一些纸艺作品，丰富版面。

第四步：利用张贴、美化工具完成布置。张贴主要用的是工字钉，优点是色彩丰富，使用起来方便快捷，可反复使用，并且更换材料的时候能基本保持材料的完整性，一般不影响材料的再次使用。缺点是有一定的安全隐患，不可以随意摘取或玩耍以免扎伤。美化主要用彩铅、彩色马克笔或油画棒，可在打印文字的纸上绘制小的彩色插图或边框底纹，避免只有文字显得过于呆板。

## 二、常规版块常态布置

表4 设计执行环节布骤解析

| 版块位置 | 说　明 | 图　示 |
|---|---|---|
| 教室门口 | 教室门口的两块版面，由班主任提供班级介绍，学校统一制作打印，背后漆面铁板固定不动，正面用有机玻璃覆盖，四角螺丝可拧开。<br>随着班级教室更换而更换，样式古朴典雅，与楼层号、班级牌风格统一，门边瓷砖上贴有学生活动的宣传画。 | |
| | 有的班级已经有自己的班徽，亮出班级名片，旗帜鲜明，表达文化特色。<br>图为鹤北中学2018级（5）班的班徽。"HB"代表鹤北，是学校的拼音首字母。 | |
| | 有的班级用传统文化传递着翰墨书香，也彰显了语文老师的带班特点，大红的对联带着浓浓的年味，也承载着殷切的祝福。 | |

续 表

| 版块位置 | 说 明 | 图 示 |
|---|---|---|
| 公告栏 | 把常规守则、课表用彩纸衬着张贴比较美观，而通知则不用讲究，随贴随换，中间用彩纸裁成条状，做简单的装饰和划分，配上学生用油画棒画的装饰画，生动可爱。 | |
| 荣誉榜 | 承载班级进步的点点滴滴，见证班级成长的足迹。 | |
| 心理角 | 青少年的心理问题日渐突出且呈现出复杂化的趋势，科技越来越发达的今天，人和人的交流情感却似乎越来越淡漠。<br>通过版面布置，让同学们了解心理学的内容，进行有效沟通，以积极的心态面对生活、面对学业、面对困难，悦纳自我、勇于担当、敢于挑战。 | |

第二章 活力四射的空间　　39

续表

| 版块位置 | 说　明 | 图　示 |
|---|---|---|
| 心理角 | 班级的心理角名称各异：心灵氧吧、心灵驿站、打开心扉、心灵花园、你的月亮我的心等，别具一格，体现出班级的集体智慧，版面布置兼具美观和实用。 | |
| 中队角 | 中队角的设置重在宣传少先队知识，体现少先队的凝聚力。严肃的主题也可以布置得很有活力，一叶小舟乘风破浪、扬帆起航，正印证了少先队的作风：诚实、勇敢、活泼、团结。 | |
| 特色版面 | 许多班级的特色版面布置都围绕学校德育核心词"和雅"，体现班级特色，展示学生风采，承载班级活动，记录点滴成长，点亮校园生活。 | |

续表

| 版块位置 | 说　明 | 图　示 |
|---|---|---|
| 特色版面 | 师生们的精心布置营造了班级和雅风教室的氛围。 |  |
| 墙面 | 墙面有大片空白，如是瓷砖，则不易污损、耐刮削、易擦洗，可购买励志标语或温馨图画等加以点缀，简单方便、可操作性强，且物美价廉。如图所示：约2米×1米的贴图两套只需8～10元。缺点：雷同度高。 |  |
| 后柜 | 为了增加空间利用率，满足学生的储物需求，许多学校都配备了后柜，但我校后柜的门板质量堪忧，这就需要班主任加强教育，引导学生爱护公物。有的班级图省事就直接把柜门拆了，但是问题又来了，没有了门一览无余，如何放得整洁又是个新问题。有的班级同学购置篮筐，倒也别出心裁。 |  |

续 表

| 版块位置 | 说 明 | 图 示 |
|---|---|---|
| 黑板报 | 黑板报是大面积集中展现学生设计、创意、绘画、书写的舞台。我认为粉笔和水彩各有好处，但不建议用丙烯颜料。丙烯无法溶于水，可溶于汽油、油漆稀释剂、洗甲水等有机溶剂，但一般学校没有，而且试验过如酒精等常见的有机溶剂效果并不好，用力擦拭也收效甚微，难以去除。<br><br>黑板报构图设计是王道，学生毕竟不是专业画师，但加以引导锻炼会有很大进步，整个黑板报团队也从稚嫩生涩成长到游刃有余，让黑板报也成为和雅教室的一张靓丽名片。<br><br>我把黑板报分为粉笔出的基础版、水彩/水粉出的进阶版，以及我见过的一个超美的半成品终极版。 | <br>粉笔基础版<br><br>水彩/水粉进阶版<br><br>超美的半成品终极版<br>图片来源：控江中学 |

续 表

| 版块位置 | 说 明 | 图 示 |
|---|---|---|
| 门后 | 将挂钩挂在门后,将抹布挂于其上,既节省空间又方便晾干。此类挂钩挂在门上不会有粘贴不牢容易掉落的麻烦,也方便拿下不会留下痕迹,而且位置较高且门后隐蔽,一般不会被撞到,避免安全隐患。 |  |
| 讲台 | 我校讲台狭窄,台面上放东西容易掉落,放在台下则取用不便,利用纳米双面胶、塑料篮,贴于讲台侧面放置教学用具,方便实用。 |  |
| 植物角 | 美丽植物,美化环境,生机盎然,赏心悦目。可利用窗台、后柜或购置尺寸合适的柜子有序摆放。 |   图片来源:七宝中学 |

第二章 活力四射的空间

| 版块位置 | 说　明 | 图　示 |
|---|---|---|
| 功能区 | 教室是学生最主要的学习场所之一，但教室也应该更具有生活气息。我们培养学生除了教授知识，也应该引导他们整理空间，开发其他功能性用途，陶冶生活情趣。如果空间、经费允许，可以探索更多的可能。 | 图片来源：七宝中学 |

注：以上表格中图片来源除标注外均来自鹤北初级中学。

**教室布置之黑板报小妙招**

2019年2月18日，开学前一天出黑板报，因为连日下雨，空气湿度大，等了两个多小时刷了水彩的黑板报也不干。一筹莫展之际，我忽然想到吹风机。黑板报团队从家里拿来吹风机和接线板，超级好用，黑板报很快就干了。孩子们获得了一项新技能，纷纷感慨：科技改变生活。而我的感受是：劳动激发灵感。

## 三、教室里的别样精彩

### （一）创意

在设计中，墙面的涂鸦，尤其老师的画像让人眼前一亮，这是学生们自己的创意，给了我和任课老师一个大大的惊喜，也让其他班级的老师艳羡不已。而所用绘图工具就是教室的普通白板笔。

有时用颜料画完黑板报，他们忍不住也把瓷砖墙面当作艺术创作的舞台。教室洋溢着青春的气息，这里有爱和自由。

（二）创新

通过一些富有创意的活动，拉近学生和教室布置的距离感，挖掘教室布置的生成性教育资源，例如，"绿意画出来，对比几分像"——植物角绘画写生，激发学生的创作热情，是不是很有意思？

镜头记录教室已是常态，这回换作画笔，植物角的绿植们是不错的素材选择。他们将生命定格，我将他们的成长定格，颇有雅韵。

（三）创建

## 意外的惊喜
——他们创建了一个洋溢着浓浓师生情谊的和雅教室

接班之前，万般不愿，因为5班在六年级第一学期有点"出名"。

六年级第二学期开学不久，我接这个班才三个礼拜，就到了学校的首届班主任节。周一早上像平常一样早早地来到学校，学生却在楼梯口拦住我，说："老师，您先回办公室，等一下再进教室。"这么神神秘秘，难道有惊喜？但是我才与他们相处了短短的三周，对此我没有足够的自信。

过了五分钟，班长邀请我去教室，环顾教室我惊呆了，真的是非常感动。无论是窗内吊缀着的千纸鹤、门上贴的一圈立体的玫瑰花，还是前白板上用折纸爱心拼成的字、前黑板上书写的对于我的祝福、黑板报的主题、正在播放的PPT、电视上方的气球布置，甚至写下的两句话都源于他们对我细致入微的观察，"乱世用重典"是我走马上任为了尽快整肃班风引用的第一句话，"师者，传道授业解惑也"是贴在办公室外的我的教育座右铭。尽管并不华丽，甚至以我挑剔的眼光看那个折纸爱心拼成的"朱"字的字形结构并不好，但这一切的一切都是他们周日加班赶工的结果，凝结着他们的真心诚意，让我深深感动、久久回味。

那一刻让我感受到他们用如此富有创意的方式接纳我成为他们的班主任，他们创建了一个洋溢着浓浓师生情谊的和雅教室。

## 别开生面的欢送会
### ——我们创建了一个有爱的和雅教室

这届的班级转走过五个孩子，都是因为户籍问题回老家读书，也许是因为不能在上海参加中考而感到遗憾，他们都选择了事先秘而不宣，假期里办理手续，悄悄地离开。所以当得知宜宁要去美国留学，班委准备帮她办个欢送会，有人提议叫外卖吃一顿，但一来班级经费有限，二来这也太俗了，如何办得既经济又与众不同呢？

在我的主持下，经过半个小时的会议，商讨欢送会事宜，并分工完毕：第一，收集宜宁的照片，尤其是班级活动中的；第二，制作一份美篇回忆点点滴滴的美好瞬间（宣传委员做完发我的时候都把我看得泪凝于睫，很用心的制作）；第三，去商区店家门口的免费打印机上打印照片；第四，布置教室。

休业式前一天，班主任的学期尾声工作又特别忙，我那天忙到晚上快七点，三个进行教室布置的同学也如约而至，我们借用了最后一期的黑板报的图，正好是"友善"主题，而且很美很应景。板报上的字之前中考教室布置考场的时候已经擦掉了（考场要求不准有字，要么擦掉要么覆盖），宣传委员画了一颗爱心贴照片，那写些什么呢？我突然有了灵感，写下了四句话"三年同窗　今朝分别　天涯咫尺　心系5班"，很符合表达分别前的依依不舍之情，也体现了班级同学间浓浓的情谊。我亲自操刀写了大字，让我感到暖心的是一个学生猜到我忙到现在没吃晚饭，悄悄地帮我买了泡面并泡好。这是我吃到的最美味的泡面，不仅是因为饥肠辘辘，更是因为倍感温暖。

贴照片时他们很注意，两个小细节特别值得一提。一是特地在后柜上，贴照片的下方垫上报纸。因为后柜和墙壁之间有缝隙，而且后柜很重，如果照片一旦掉下去会很麻烦。二是给照片做插角。照片最后要拿下来让宜宁签

图6 孩子们在布置教室

字送给同学,所以不能破相,直接用胶水、透明胶、双面胶等贴会损坏照片,我提议用以前放老照片的方式,将角固定,再插入照片,而且选择好撕的透明胶,把透明胶贴于插角上,不会污损照片。插角也很好做,只要用彩纸剪成小三角形即可。配合得当,很快完成,并用运动会上使用过的一块大蓝布遮好,留点神秘感。

休业式那天到了,早上在蓝布上贴上了"周宜宁亲启"的大字,并把前面的黑板白板也布置了,白板上画了画,黑板来不及画了,空着不好,我就写了五个大字"欢送周宜宁"。但更让我感动的是还有隐藏惊喜彩蛋,藏在可拉黑板后方白板上有一封"邀请函",还给宜宁出了一道题——回家的邀请函请选择,并写上了班级所有人的名字(包括已经转走的同学的名字)。

欢送会的每一个场景都很感动,大家强烈要求看了三遍美篇、同学祝福、宜宁做选择题签承诺,最后她去揭幕后黑板,看了几秒后转身微笑感谢,但又立刻转身瞬间泪奔,太感动了没绷住。马上有同学冲上去安慰她,她很快平静下来,笑着逐一和同学合影留念。当然她爸爸也帮我们拍了大合照。

第二章 活力四射的空间

最后，班委和班级同学自发地留下来打扫教室也让我深感欣慰，又是一学年过去了，要换教室了，我们也应该留给下一届一个干净整洁的教室，看似抹去了所有的痕迹，但这间教室里发生的故事却是属于我们的。

事后，班级同学肖佳洁这样写道：

很久很久前，这里是汪洋一片，一艘初来乍到的小船混入了大海（借用运动会入场式的解说词：公元2015年，5班的小船驶入了鹤北的"和雅海"）。船员们都素不相识，对未知的一切好奇又紧张，但茫然而混乱。直到他们风雨飘摇了半年之后，与那位船长——班主任朱老师结识。从此他们便踏上了全新的旅程。

大海上有云影有阳光，小船上有泪也有笑。

两年之后，小船早已不是原来那艘杂乱无章、破烂不堪的小船。它的团结足以与大浪抗衡，它的力量可以抵御礁石。它也即将到港。那天，公告栏上贴了一个消息：有一位船员小Z即将离开。所有的船员面面相觑，他们迷茫、意外、不舍……他们也终于明白了在一起的旅程即将结束。船员小Z走的那天，大家为她开了欢送会。欢送会很特别，没有蛋糕却有冰淇淋；没有高大上的视频录像，只有纸质的照片和照片做成的美篇；没有送别信却给了她回家的邀请函；画板上画满了奇奇怪怪的小人，但同伴们最终说出的每一句祝福一定是真诚的、不舍的、催人泪下的。在大海上，那天船员们的泪水是最小的人造海。

最后他们留下了合影，随后船员小Z便离开了。在那以后，那艘船每离港湾近一分，便有一位船员离去，他们走向了不同的道路，期待他们完美的蜕变。

当然，留给剩下的船员们的时间不多了，他们即将迎来最后的挑战。加油吧战士们！

被狂风掀起的水雾，与低垂的阴云融成一片，雪色的排天大浪飞溅出的全是晶莹剔透的水花。一束光亮射入它幽幽的深处，加倍反映出它夺目的光芒。

他们拼过疯过吵过闹过努力过，但从来没有害怕过放弃过。永远跃动不己的是他们湛蓝又团结的团魂。

同时这也正是您的海，我们心里的您。

# 【和雅教室的故事】

让教室焕发出生机

一个细节经常会被人们忽视，那就是窗外。优美的校园景致会为教室增色不少，当然这要幸运地遇到绝佳的地理位置。如果没有，也不要气馁，自己来创造，打造生机勃勃的绿色空间吧。

将植物角的花分门别类摆放在现成的单调的后柜上，摆放在教室南窗台能够照到阳光的地方，讲台边再摆上一捧鲜花，花的娇艳与芬芳，装点了讲台，振奋了同学上课的精神，也装点了上课老师的心情，希望每一位走进教室的老师，能够在花的芬芳中，用最美的心情上好最美的课。

将教室的一个或几个角落，用心布置，将其打造得有温情、有生机又赏心悦目，这些小小的角落，尤其是植物众多的后柜也有了后花园的感觉。让同学们在课余时间有一个观察辨识、驻足欣赏的地方。

植物角的植物并非多多益善，而是要有序、雅致。

图7 新鲜绿植

第二章 活力四射的空间

班级植物角布置刚开始时，总有些状况，有一些好奇心驱使的不文明举动：有的将植物连根拔起，有的揪下叶片……

"朱老师，你快去看看，植物角的一盆多肉的叶子被碰掉了好多叶子，都快成'光杆司令'了。"值日班委来告诉我班级的问题。

"谁干的？"

"不知道，我看到的时候就秃了。"

我赶到教室，果然，一盆多肉的叶子几乎都被碰落了，就快剩一根光杆了。我心里很恼火，刚想发作，瞥见边上一盆被连根拔起的多肉横亘在盆上，转念一想，便对值日班委说："你接下来注意观察植物角的状况，尤其下课谁会来乱碰，放学小结的时候再来说这个问题。"

放学小结是我们班级的常规安排，是对于一天的汇报小结，也可以质疑反思，提出改进。

值日班委先概述了班级一天的事宜，重点说了植物角多肉光杆事件。我始终沉着脸听完，学生见我面色不善，也格外安静。值日班委说完后，我扫视了一眼全班，问："谁干的？"学生面面相觑、无人应答。"我看过那盆多肉，明显有人为的痕迹，甚至有的叶片上还有指甲的掐痕。"我说完停顿了很久，还是无人应答，教室里空气凝重，他们似乎预感到我要发火，提前收敛以免被暴怒的狂风正面扫到。

但是我没有发火，让值日班委把边上那盆曾被连根拔起现已生出了气生根的多肉拿给每一个同学传阅。"我想大家都看到了吧，这棵植物被连根拔起、叶片干瘪，但是仍然顽强地活着，生出了粉色细嫩的气生根，植物不言不语，却有这份坚韧，对生的渴求，你凭什么去摧毁它的生命？"顿时空气更加凝重，现在与其追究谁干的，咋咋呼呼地闹腾猜疑指责，还不如现在的氛围，我要的就是安静地思考。

过了一会儿，我放缓了语气说："其实今天是我妈妈的生日，今天植物的问题又让我想起了一句诗：'谁言寸草心，报得三春晖。'感恩也是对生命的尊重，万物有灵。现在有人把植物生生地破坏甚至扼杀，那又是怎样的一种行为呢？"又是一阵沉默。我又话锋一转："不过多肉的一个特点是叶插也能活，现在掉了这么多叶片，将其正面朝上放在土壤上，脱落处会生根，大家可以静观其变、期待奇迹。"说完教室的空气也似乎如释重负了，学生眼中闪烁着一些光亮。

第二天，一个平时很调皮的女生悄悄地来跟我说："老师，昨天的叶片是我弄的，我碰了一片，它很容易脱落，我就觉得好玩把其他的也都碰掉了。""嗯，很高兴你来说明情况，多肉叶片的脱落很有可能是浇水浇多了。那你觉得现在你可以为植物角做些什么呢？"她想了一下，说："我先查些资料，了解植物的习性，然后做志愿者参与养护。"我心甚慰。

一周后，学生们兴奋地来告诉我："老师，叶片生根了！"他们见证了生命的韧性。

渐渐地，他们也懂得自觉养护，也开始注意自己的举止，爱护花草，人人有责。我想，有了责任心，有了欣赏美的眼睛，不但能眼中看到绿意，心中更是绿意盎然。

最后的最后，我觉得，别人走进我们的教室感觉到的只是表面的"美"，而布置打造并置身其中的我们才能真正领略个中滋味，因为那是我们创造的"美"。布置的辛劳、收获的喜悦、赏玩的乐趣，教室的布置伴随着班级的成长，尽管不完美有遗憾有波折，但回望过去我们甘之如饴，教室布置承载了时空、记忆、人、情，从中细细咀嚼，仿佛品读出一部心灵成长史。

（注：本文图片来源除标注外均来自上海闵行区鹤北初级中学）

## 动感风教室

动感教室的孩子们在参与班级活动

从明天起,做一个幸福的人
读书,听课,作业,复习
我有一间教室
面朝大海,春暖花开

——陈晓华(《做一个魅力班主任》,北京轻工业出版社2011年,第84页)

**作者简介：**

陈敏，上海市闵行区浦江第一中学教师、班主任，曾荣获闵行区十佳金奖班主任、区师德标兵、区园丁奖、区嘉奖等荣誉。教学能力突出，建班育人效果显著，班主任基本功扎实，曾多次在区班主任基本功大赛中获奖，先后有多篇论文、案例、课题研究获奖或发表，所带班级被评为全国及上海市动感中队。

**带班理念：**

一个优秀的集体应当有目标、有制度、有组织、有活动、有凝聚力。在这个集体中，每个孩子都能找到自身的价值、获得同伴的欣赏、拥有对集体的归属感。集体因每一个生命的律动而精彩。

在你们艰辛的日子里，
我和你们朝夕相伴！
在你们失败的日子里，
我和你们一起承担！
在你们收获的日子里，
我和你们一起分享！

图1　孩子们在布置教室

静态的教室因为生命的律动而充满活力，
白墙黑板是生命成长的代言人。
如何让教室富有活力呢？
让我们一起走进动感教室，在灵动、雀跃、欢腾中体验动感教室的魅力。

【遇见问题】

## 鼻孔上的小洞洞

当看到这个标题的时候你一定在纳闷：鼻孔本来就是小洞洞啊，为什么小洞洞上还会有小洞洞呢？的确，小洞洞正是长在了鼻孔上。

记得某一年开学的时候，我和孩子们进入了一个新的教室。新的环境没有任何代表我们成长历史的印记，一切都要从头开始。于是，"装潢"达人们又忙碌起来了。经过数日的精心设计与布置，在大家风风火火地裁剪与张贴之后，我们的新教室得以改头换面。班徽出现在了最醒目的位置，一进门便可映入眼帘；卫生角挂上了我们的"老朋友"——毛巾挂钩，不同颜色、不同功能的抹布整齐地排列着；新一期板报也新鲜出炉，上面的内容琳琅满目，大大小小的标题、学生的假期作品、小队活动的照片等一应俱全。经过一番修饰，我和孩子们终于又找回了"家"的感觉。课余时分，总会有学生在板报前逗留欣赏，仔细琢磨研究。

一转眼，半学期过去了。有一天，我安排单元测验，监考时在教室中来回巡视。当我巡视到教室后方时，不经意间瞥了一眼黑板报，一位学生的照片引起了我的注意，感觉有什么地方不对。我靠近仔细一看，发现这位学生鼻孔的位置被图钉扎了两个小洞洞，此外，他的眼睛也被扎了两个洞洞。再看看其他学生的照片，眼睛和鼻孔竟然无一例外地都被扎上了小洞洞。这诡异的一幕看起来着实吓人，照片上所有的学生都"破相"了，而且从远处看根本看不出来。

这下我才知道学生们逗留在板报前的秘密，原来他们不是在欣赏，而是在搞恶作剧。当我发现这个秘密后，再去追究谁是"幕后黑手"已经没有意义了，回荡在我脑海中的是这几个问题：

学生为何会去恶搞同学的肖像？

肖像的主人为何能够忍受这件事而不向老师举报？

我该用什么方法来改变现状呢？

【分析问题】

经过一段时间的调查与探寻,我终于找到了问题的答案。

其一,教室布置只是部分学生的任务,而那些没有参与教室布置的学生并没有尊重别人劳动成果的意识,因为没有付出过,所以不懂得珍惜。如果人人都参与布置,自然会有更多人珍惜和维护布置的成果。

其二,从开学时完成布置到发现问题,中间间隔了将近两个月的时间。在这两个月中,学生每天面对相同的板报内容,久而久之便看腻了,觉得无聊了。于是,他们开始尝试在枯燥中弄点花头,搞搞恶作剧,寻找点乐趣。

其三,有些青春期的学生尤其关注自己的外表,不太愿意将自己的形象公布于众,无奈自己的照片被张贴出来,却很不愿意上前自我欣赏。因此,自己的"鼻孔"上出现了小洞洞,也没有发现。但也有些学生不太关注自己的形象,即使自己肖像被恶搞了,也无所谓。

【探讨方案】

我发现在教室中所缺少的是学生的自主性、创新性、情感的交流和生命的活力。那么,我该用什么方法来改变现状呢?那就是让我们的教室"动"起来。

其一,内容"动"起来,展示内容常换常新。

教室可以成为学生互动交流的地方,通过开展各项活动,将学生的体验与收获进行展示,使教室焕发生命的活力。

教室也可以成为记录学生成长的载体,比如展示每一学年的集体照,或是学生参与每届运动会的照片,让他们看到班集体的成长与变化,也看到自身的提高与进步。

其二,人员"动"起来,发挥队员自主性。

在教室布置过程中,学生才是操作的主体,要尽可能地发挥每位队员的智慧。为了避免"事不关己"的态度出现,可以将版块布置任务分配到各个小组，由每个小组负责一个版块的设计与布置，并于每月进行新一期内容的更新。每次更新都可以召开评比会，让学生发表想法，提出改进意见。这样既可以调动学生参与布置的积极性，也可以让学生知道教室布置工作的辛苦，鼓励大家珍惜同伴和自己的劳动成果，提高学生的维护意识，让每位学生为美化教室出一份力。

其三，形式"动"起来，与时代潮流接轨。

如今，学生对博客、QQ、微信等社交软件非常熟悉，如果能将教室布置与之相结合，在教室中加入潮流元素，将大大提升教室环境的魅力。

我相信，当这些方法被运用之后，"鼻孔上的小洞洞"也会随之消失，"动感教室"也就呼之欲出了！

以下是"动感"方案的执行流程：

（要想让布置的内容"动"起来，以下环节缺一不可。）

第一，将学生在学校可能经历的活动进行分类汇总，收集教室布置的活动内容元素。

第二，根据每一版块布置的内容确立主题，包括整个板报的大主题和各个版块的小标题。

第三，分组对学生进行培训，下达布置要求并听取学生意见，采用民主的方式提高学生的积极性。

第四，分配材料收集的任务，并对学生提供的材料进行筛选，择优录用。

第五，根据筛选的材料对布置空间进行整体布局，设计主题的字体大小及确认材料张贴的位置。

最后，学生动手实践操作，完成布置任务。

## 【具体实施】

### 一、版块分类实施办法

版块分类实施具体方法以及相关资料如表1、图2所示。

表1　打造动感教室流程表

| 步　骤 | 实施内容 | 操作时间（建议） | 具体过程 |
| --- | --- | --- | --- |
| 第一步 | 清点校内外活动 | 一节课 | 以队会讨论或问卷调查的形式，让学生罗列出每年参与的各项活动，并区分出是班级活动还是校级活动 |
| 第二步 | 设定版块类型 | 一节课 | 学生根据活动的内容及形式，思考如何将活动过程及成果在教室中进行展示，并征集展示方案，确定可实际操作的类型 |
| 第三步 | 讨论实施方案 | 一周 | 根据版块类型的数量将学生进行分组，每一个小组认领某一类型的任务。小组确立负责人，负责人带领小组讨论版块布置的实施方法 |
| 第四步 | 准备布置材料 | 一周 | 各小组经过讨论后确定需要哪些布置材料，教师协助各组布置材料征集任务，由全班学生共同收集 |

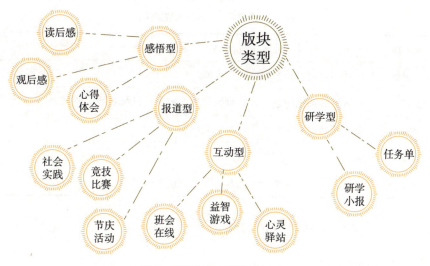

图 2　版块分类及相关资料内容

## 二、版块布置实施办法

### （一）教室空间资源的利用

教室空间布置和安排如图 3、表 2 所示。

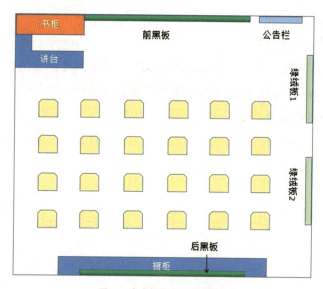

图 3　动感教室空间利用图

表2 动感教室空间布置内容安排表

| 前黑板 | 公布当天课程,传递生日祝福,提醒作业内容 |
|---|---|
| 后黑板 | 展示各版块活动内容 |
| 绿绒板1 | 展示班级文化特色,包括班级目标、班规、班级名牌、全家福 |
| 绿绒板2 | 宣传社会主义核心价值观及创全内容 |
| 公告栏 | 张贴课程表,每周重要通知 |
| 橱柜 | 柜门上张贴学生的个性名片、奖状或座右铭 |

### (二)活动素材及资源的收集

(1)短程式资源收集。

围绕当下学校或班级正在举行的活动,收集学生参与活动的过程性资料,如活动照片、活动感悟、活动成果等。

(2)长程式资源收集。

有些活动会循环举办,比如学校每学期都会组织社会实践活动,每年都会开展校园四大节日活动。在不同年段,学生参与活动的体验或作品也不尽相同,因此可以围绕同一个活动主题进行长程式的素材收集,将每一次活动的内容进行整合。

(3)学生视角资源收集。

学生是活动的主体,也是活动的直接体验人,对于活动的评价、感悟与收获是最有发言权的,也是最容易提供资源素材的群体。

(4)教师视角资源收集。

教师往往是活动的引导者或组织者,对于学生的表现和活动的效果具有客观评判性,容易捕捉到学生疏忽的资源细节。

## 三、各版块布置攻略

### （一）步骤表

具体攻略布置如下表所示。

表3 动感教室各版块布置步骤表

| 攻 略 | 展示内容 | 步 骤 |
|---|---|---|
| No.1——感悟型 | 学生参与各项活动的感悟，如读后感、观后感、心得体会 | 步骤一：设计问题<br>步骤二：设计样式<br>步骤三：设计标题 |
| No.2——成长型 | 学生在不同年段参与某项活动的过程及成果 | 步骤一：捕捉变化<br>步骤二：收集资料<br>步骤三：排版布局 |
| No.3——报道型 | 以报道的形式及时记录和展示学生参与活动的过程 | 步骤一：培训指导<br>步骤二：撰写报道<br>步骤三：图文展示 |
| No.4——互动型 | 利用教室环境开展有关某一话题的发帖讨论 | 步骤一：确定主题<br>步骤二：发布观点<br>步骤三：跟帖反馈 |
| No.5——研学型 | 以各种形式展示研学成果 | 步骤一：设计任务<br>步骤二：小报制作<br>步骤三：成果展示 |
| No.6——阅读型 | 利用教室图书角开展阅读交流，并展示读书学习成果 | 步骤一：添置图书<br>步骤二：完善机制<br>步骤三：阅读交流 |

### （二）步骤解析

以"感悟型"攻略设计为例。所需材料：彩色A4纸，剪刀，图钉。

步骤一：设计问题。

针对活动的形式及内容精心设计问题，引导学生通过回答问题抒发内心真情实感，如指导学生撰写读书感悟或观影感悟时，可以设计如下问题：

表4　学生感悟问题设置

| | |
|---|---|
| 读书感悟 | （1）这本书主要讲述了什么内容？ |
| | （2）我为什么喜欢这本书？ |
| | （3）读完这本书，我想到了什么？ |
| | （4）这本书让我学习到了什么？ |
| | （5）书中让我印象深刻的片段有哪些？ |
| 观影感悟 | （1）这部电影主要讲述了什么？ |
| | （2）我最喜欢这部电影中的哪个角色？为什么？ |
| | （3）这部电影中哪段情节最吸引我？ |
| | （4）这部电影让我联想到了什么？ |
| | （5）看完这部电影，我学习到了什么？ |

步骤二：设计样式。

在设计完问题之后，将问题进行表格式呈现，让学生的感悟内容更加直观，能让阅览者更快地接受到作者想要传达的信息。此外，还可以对页面进行修饰，使其更加美观，吸引大家驻足欣赏。

表5　好书推荐

| ※ 好书推荐 ※ | |
|---|---|
| 推荐书目：＿＿＿＿＿＿ | 作者：＿＿＿＿＿＿ |
| 本书的主要内容：<br>＿＿＿＿＿＿＿＿＿＿＿＿<br>＿＿＿＿＿＿＿＿＿＿＿＿<br>＿＿＿＿＿＿＿＿＿＿＿＿ | 我喜欢这本书的理由：<br>＿＿＿＿＿＿＿＿＿＿＿＿<br>＿＿＿＿＿＿＿＿＿＿＿＿<br>＿＿＿＿＿＿＿＿＿＿＿＿ |
| 这本书让我想到了：<br>＿＿＿＿＿＿＿＿＿＿＿＿<br>＿＿＿＿＿＿＿＿＿＿＿＿<br>＿＿＿＿＿＿＿＿＿＿＿＿ | 读完后我学习到了（懂得了）：<br>＿＿＿＿＿＿＿＿＿＿＿＿<br>＿＿＿＿＿＿＿＿＿＿＿＿<br>＿＿＿＿＿＿＿＿＿＿＿＿ |
| 精彩片段摘录：＿＿＿＿＿＿＿＿＿＿＿＿＿＿＿＿＿＿＿＿＿<br>＿＿＿＿＿＿＿＿＿＿＿＿＿＿＿＿＿＿＿＿＿＿＿＿＿＿＿<br>＿＿＿＿＿＿＿＿＿＿＿＿＿＿＿＿＿＿＿＿＿＿＿＿＿＿＿<br>推荐人：＿＿＿＿＿＿ | |

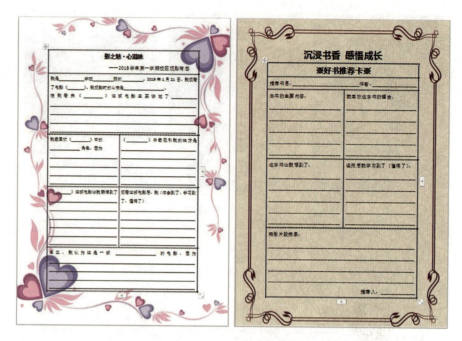

图4　页面装饰设计

步骤三：设计标题。

（1）确立标题。

收集好学生的感悟之后，便可设计标题来吸引阅读者的目光。标题要标新立异，富有创意，可以利用网上购买的现成标题材料，如读后感版块可使用"书香小屋"几个字；或是自主设定标题，如影片观后感版块可以设计标题为"影之魅·心滋味"。

（2）裁剪标题。

方法一：沿着字体的边剪下标题，直接张贴。

方法二：用直尺画出边线，用波浪剪刀沿线剪下标题。

方法三：在标题底部衬托彩色卡纸，凸显标题（如图5）。

图5　学生在裁剪标题

（3）排版布局。

将标题文字用多样的形式编排到版块布局中（如图6）。

图6　版块布置整体效果图

## （三）过程反思

"感悟型"版块是"动感教室"的元素之一，一旦形成样式后，学生可用其来撰写各种观摩体验型活动的感悟，例如《开学第一课》观摩、高雅艺术欣赏、各类讲座的聆听等。又因为布置所需材料简单易得，布置过程简洁明了，负责此版块的学生能很快掌握方法。此外，材料完成后可以直接张贴展示，方便定期更换，既不会牵扯班主任和学生过多的精力，又能及时将学生参与活动的心得体会进行呈现与交流。

在布置的过程中班主任要尽量放手让学生自行操作。学生掌握方法之后，甚至可以自主设计标题和作品样式，这样既能培养学生的创新能力，又可以锻炼学生的动手能力，培养他们的劳动意识。学生在布置过程中倾注的心血越多，就越愿意维护好布置成果。

此外，班主任可以对学生的布置进行指导，但不应过多干涉。以上成果图例中呈现的版块布局形式是由学生自行排版，标题的字体也是由学生自己设计。当然，我们会发现电影观后感版块的标题颜色与A4纸的底色差不多，没能形成鲜明反差，给人留下颜色单调的视觉感。诸如此类的问题，班主任都可以对学生进行引导与指正，帮助其在下一次布置任务时有所改进，也让学生的审美能力在一次次的探索与实践中获得提升。

（四）其他版块布置效果博览

表6 其他版块布置效果博览

| 版块类型 | 成果示范 | 亮点与特色 |
| --- | --- | --- |
| 研学型 | | 此图展示了学生游玩祖国名胜古迹之后所创作的小报，色彩亮丽，内容鲜明，而且版块主题表达了学生对祖国、家乡的深厚情感。 |
| 研学型 | 图片来源：协和双语 | 展示作品都是围绕博物馆研学这一主题，布局大气整洁，虽然没有额外修饰，但作品本身已经引人注目。 |

第二章 活力四射的空间 65

续 表

| 版块类型 | 成果示范 | 亮点与特色 |
| --- | --- | --- |
| 阅读型 | 图片来源:青浦实验 | 作品采用木框进行装裱修饰,能更加明显地衬托出作品的色彩;师生共读一本书,从不同的角度阐述对内容的理解和对作者思想的领悟。 |
| 阅读型 | 图片来源:北大附属嘉兴实验 | 展示作品排列形式多样,虽然每份作品内容格式统一,但上面的图画各具特色,动感十足,代表了学生的个性;最上方的照片也体现了学生阅读过程的真实性。 |
| 成长型 | | 学生用四张彩色卡纸打底,衬托出照片布局的凌乱美;当红影视人物的头像增添了活泼的氛围,体现了成长的欢乐。 |
| 成长型 | | 此版面展示了学生三年中参加同一项活动(踢跳比赛)的风采,体现出学生的成长与变化。 |

续 表

| 版块类型 | 成果示范 | 亮点与特色 |
|---|---|---|
| 报道型 |  | 以新闻报道的形式播报时事新闻或是学生活动,内容可以定期更新。 |
| | | 报道的内容与学生的假期生活有关,有浓郁的年味,主题鲜明,图文并茂,可观性强。 |
| 互动型 |  | 学生采用微博上发帖和跟帖的模式讨论班会主题,时代感超强;将黑板、粉笔与纸制内容相结合布置,无需图钉,用胶水即可粘贴;小标题可直接用粉笔书写,方便快捷。 |

续　表

| 版块类型 | 成果示范 | 亮点与特色 |
|---|---|---|
| 互动型 |  | 运用元宵灯谜会的形式在班级中开展猜谜活动，即凸显了传统文化，又生成了互动效果。 |

注：本文图片除标注外均来自浦江一中。

## 【动感教室的故事】

### 不要让奉献留下遗憾

期中考试结束后，正是重新布置教室的大好时机。在值日生完成打扫之后，宣传委员带领着一群小伙伴们在教室里忙开了。A4纸、剪刀、图钉、双面胶、彩色水笔一应俱全，而我因为要在办公室批卷，就完全放手让他们自己干。

两个小时后，我去教室里"侦查"了一下，发现布置的效果很不错：教室后面的各个版块已经更新；教室前方角落里的图书角换上了新的借阅制度及我们的班徽。最温馨的就是前方黑板上用彩色粉笔书写的生日祝福：Happy Birthday to ……看到孩子们的劳动成果，我满意地点了点头，示意他们早些收拾回家，好好休息，我也回到办公室继续批改剩下的试卷。

批着批着，我收到了来自卫生老师的教室卫生检查报告。结果令我大吃一惊，教室后方地面上有一张纸；教室内的灯全部未关；桌椅不齐；一张桌子上有外卖的塑料袋和饮料瓶；讲台上有三张双面胶纸。因为这些问题，我们班成为当天卫生扣分最多的班级。顿时，我火冒三丈，恨不得把那几个"功臣"叫回来劈头盖脸地骂一顿。可转念一想，他们今天辛辛苦苦为班级作出了这么多贡献，还要被批评，那不是打击他们的积极性吗？而且，孩子们做事情考虑不周，有"留尾巴"的习惯，这和班主任的教育与引导也有很大关系。于是，我逐渐冷静下来，思索着怎样把这件事情处理妥当。

下班前，我又回到教室里"视察"，情况果不其然：讲台上还放着抹布，三张用过的双面胶纸条零散地躺在讲台上；靠门的第一张桌子上还留着外卖的包装袋；一把用来垫脚的凳子留在了黑板前没有归位。我用手机把这些一一拍摄下来。

第二天，我早早来到教室，观察孩子们的反应。当他们走进教室的时候，一个个眼神亮了起来，而且还窃窃私语地讨论着教室的变化。当两位名字出现在生日祝福栏的"小寿星"走进来时，他们的表情从惊讶转为害羞。等同学们到齐后，晨读开始了。但这一天的晨读与往日的不一样。我开场先问道："同学们，你们发现教室有什么变化吗？"大家一一回答，把教室的变化说得一清二楚。我又继续说道："本周我们班有两位小寿星，他们是小闵和小宇。让我们一起为他们唱一首生日祝福歌吧。"

歌声响起了，唱得两位"寿星"脸上羞答答，心里美滋滋。在一片祝福声中，我问道："那么，是谁为我们的温馨教室作出了这么多贡献呢？"而后，我报出了前一天参与教室布置的学生姓名以及他们的分工，呼吁孩子们将最热烈的掌声送给这些幕后英雄们。教室里顿时响起雷鸣般的掌声。

当气氛已经被我烘托到最高潮时，我话锋一转："但是，你们知道吗，在昨天的卫生检查中，我们班出现了很多问题。"我将卫生方面的问题一一罗列出来，还把拍摄的照片展示给孩子们看。我特别留意了一下值日生们的表情，他们目瞪口呆，不敢相信自己的眼睛。而另一边，几位"功臣"却已经默默低下头去。

我又故弄玄虚："根据检查的结果，大家评判一下应该要扣值日小组几分呢？"

"1分，2分，3分，……要扣5分，要扣6分。"下面众说纷纭，值日生们更加焦急了。

"不，他们得满分。"我斩钉截铁地说。

"啊！就这样还满分，为什么呀？"孩子们的脸上满是惊讶。

我继续说："因为在昨天值日生完成工作后，我检查过教室的卫生，没有任何问题。请布置教室的几位同学来告诉大家究竟发生了什么吧！"

宣传委员首先站起来，说："桌上的外卖是我叫的，吃完后我忘了把包装袋扔掉了。我对不起值日的同学，对不起班级。"

小陈接着站起来说："讲台上的双面胶纸条是我贴完班徽后遗留在上面的，我做事情没有考虑周到，对不起！"

小王紧接着说："我们在裁剪板报标题的时候把几张桌子并起来，结果忘了放回原位，是我们不好。"

听完他们的解释后，我转身在黑板上写下这几个字——"不要让你的奉献留下遗憾"。孩子们看了都若有所思。我继续补充道："昨天几位同学的奉献精神是值得肯定的，但是大家别忘了，在你们奉献的同时，不要给别人带来麻烦，否则，你们的奉献就不完美了，就留下了遗憾。"

听了我的话，孩子们频频点头，若有所思。我又继续问道："大家在平日的生活中还发现过哪些奉献了却留下遗憾的事情呢？"

孩子们又七嘴八舌地聊开了。小李说："有时候，同学把饮水桶搬上饮水机之后，会将从水桶盖上撕下的包装袋遗留在地上，忘了扔进垃圾桶。"小林说："午餐时，搬汤桶的同学有时会把汤水洒在地上。"小闵说："我去倒垃圾的时候因为奔跑，会不小心把纸团从垃圾桶里颠簸出来，却又不捡起来，让垃圾留在了校园中。"

我总结说："既然大家都发现有些奉献之举会留下遗憾，那我们以后就应该尽量避免，把奉献做到十全十美，对得起集体，更对得起自己的付出。"

一次教室布置引发了我与孩子们对于奉献精神和集体主义的思考。自此以后，孩子的奉献精神更加高涨了，而且很少再出现做好事"留尾巴"的现象。此外，孩子们在布置教室的过程中也更加自律、更有章法、更有责任心。现在回想起来，幸亏当时没有直接批评那几位"功臣"，在欣赏与包容的氛围中，孩子们更容易认识到自身的问题，也更愿意接受教育。小小的教室布置背后也蕴含着深刻的道理。

【资源包】

1.布置过程的常见问题八问。

（1）在校内外活动过程中，有哪些资源可以用于教室布置？

班主任与学生可以集思广益，将校内外活动及班级活动进行罗列，大到校园节庆活动和社会实践活动，小到假日小队活动、主题班会活动、观影活动或讲座报告，只要加以利用，都可以成为教室布置的素材。

（2）同组小伙伴的布置能力参差不齐怎么办？

首先，班主任要与学生一起鼓励那些能力不够强或是毫无教室布置经验的小伙伴，可以让他们先从简单的内容着手，比如剪剪贴贴，逐渐培养能力，直到让其参与设计与策划。久而久之，他们的能力会有所提升。

（3）如果活动后学生不愿意分享自己的感悟或成果怎么办？

可以采用评比的方式调动学生的积极性，比如让每个小组负责有关某一个活动主题的布置，发挥合作的力量，并请全班学生一起对布置的成果进行评比，表现优秀的小组可获得表彰及奖励。

（4）利用活动资源布置教室可以采用哪些形式？

可以分享学生的感悟与心得、艺术作品、活动小报、活动宣传、活动背景及文化知识等。

（5）不同版块的标题设计有哪些方式？

如果活动是由学校开展的，一般都会有现成的活动主题，布置的时候可以直接使用。如果是班级自主开展的活动，则可以让学生自由设计主题，教师进行审核，也可以将设计的主动权完全交给各版块负责小组。

（6）学生因学业繁忙（如处于毕业班）没有精力定期更换怎么办？

若学生的学业的确繁忙，一是可以减少更换的频率，二是减少布置的人员，让学有余力的学生参与布置，学习较薄弱的学生则将精力主要投入学习中。

（7）布置过程中涉及的费用如何解决？

在教室布置的过程中尽量采用现成的资源，如学生家中已有的素材，或是学生能手工制作出来的素材。班主任也可以在征得家长及学生的同意下收取些许班费作为教室装潢经费，但要规定各个小组的支出，有任何经费支出都必须在班级进行公示。

（8）完成布置后应该怎样维护？

将维护任务直接分派给负责各个版块的小组，每个小组选派一位维护员，每日观察本组版块的布置内容是否受损，如有缺损，便立即补全或更换，保持布置内容常换常新。

2. 扫码可得。

（1）其他版块的详细操作流程与步骤。

（2）实用表格8张（下载打印即用）。

| | |
|---|---|
| 感悟型 | 1. 读书感悟写作样式。<br>2. 电影观后感写作样式。<br>3.《开学第一课》写作样式。 |
| 互动型 | 4.《班会在线》互动贴样式。 |
| 研学型 | 5. 上海自然博物馆研学任务单。<br>6. 上海世博博物馆研学任务单。<br>7. 上海钱学森图书馆研学任务单。 |
| 阅读型 | 8.《神奇书屋》阅读体验卡（中英文版）。 |

# 能量风教室

上海青浦区实验中学能量教室的孩子们

我相信自己

生来如同璀璨的夏日之花

不凋不败,妖冶如火

承受心跳的负荷和呼吸的累赘

乐此不疲

——泰戈尔

**作者简介：**

姜南，青浦区实验中学数学教师、班主任，青浦区示范教师。曾荣获区级年度工作记功、记大功，两次荣获"青浦区园丁奖"。她教学工作突出，建班育人效果显著，班主任基本功扎实，深受学生、家长欢迎。曾在上海市中青年教师课堂教学评选活动中获得上海市二等奖；她善于理论联系实际进行教育科研，先后有多篇论文、案例、课题研究获奖或发表。

**带班理念：**

每个个体都是不一样的，每个孩子所处的环境也都不同，但是每个个体又都有共同需要：丰富的体验、满满的爱意和充满能量的生命气息。

为了部落!

赐予我能量吧!

我想在教室做作业……

一想到我们班,我就能量满满。

我闭着眼睛,都能看到我们的教室……

还记得布置教室的时候,我们真的很团结!

——一说起我们的能量教室,孩子们的话匣子就关不住了。

图1 能量风教室的孩子们在布置教室

普普通通的白墙、黑板、板凳、桌椅,

如何成为孩子们眼中充满巨大能量的教室呢?

这背后又有哪些故事呢?

让我们一起走进能量教室,听听这里的故事,看看这里的风景。

【遇见问题】

"千呼万唤始出来"的黑板报

"宣传委员，我们这周黑板报的主题是'抗战胜利74周年'，下周三学校要检查，你抓紧组织同学出一下。"周一中午，刚刚开完班主任会的我向班级宣传委员布置了任务。

周二中午，我发现后黑板擦干净了，上面只有一点点不成逻辑的边框。于是我又提醒了一下宣传委员："小旭啊，黑板报要抓紧时间出了啊。"小旭答应得很爽快："知道了老师！"

周三中午，黑板报虽然还没有出完，不过已经完成了一大半了。我感到很欣慰！可就在这时，我接到了我们班体育老师的电话——上午的体育课有几个同学没有去！我一下子着急了，这些孩子干什么去了？

我马上找到孩子们询问原因，原来他们留在教室里出黑板报了……

这时我突然意识到，原来出黑板报对于学生来说是一件有"负担"的事情。为什么孩子们不能在课余时间快速出好黑板报呢？他们的低效率，跟我这个班主任没有关系吗？我仅仅把任务布置给了学生，可我作好了有效的指导、示范吗？

自我反省后，我立即抽出课余时间，带领学生们高效地出完了黑板报。事后，我又陷入了新的思考：是否每次必须由我亲自带领学生才能出好黑板报？

还没等我找到答案，新的问题又出现了：没几天的工夫，我和孩子们辛辛苦苦出的黑板报就被走来走去的同学们擦掉了很多。为什么好不容易完成的黑板报得不到同学们的爱护？我们的辛勤劳动得到过大家的关注和重视吗？于是我在班级作了一个调查，请认真看过黑板报内容的同学举手，结果寥寥无几。我心里很不是滋味。

### 老师，你知道吗，我小学时不是现在这样的

"老师，你知道吗，我小学时不是现在这样的，我很好的，但是一夜之间就什么都变了……"

我没有想到，一次宣传委员的任命之后，小旭竟然和我说了这样一句话。

这个孩子身上发生了什么呢？通过聊天我才知道：原来孩子的父亲在他小学三年级时赌博输了几百万元。他的妈妈为了保护他，不得不和他的父亲离婚。因为事出突然，妈妈也因此病倒了……用孩子的原话来说："我觉得一夜之间什么都变了，原来都是父母陪着我写作业，然后有一天，爸爸赌博欠债的人来要钱了，爸爸为了躲债逃走了，妈妈病倒了，爷爷奶奶把房子卖了帮爸爸还债，外公外婆气得不愿理我了，我也不知道为什么上课的时候听不进去了，学习成绩一下子就下来了，之后就再也上不去……"

听到小旭的描述，我很难受。孩子是无辜的，他还那么小，什么都不懂，本是阳光一般的年龄却体验了这么多人世艰难；同时我又庆幸，小旭能够在被任命为宣传委员之后，感觉到自己是被同学和老师需要的，能够敞开心扉和我聊起他家的情况。我也意识到，其实我并不了解学生，像他这样单亲的孩子在班上还有吗？通过悄悄留心，我发现原来班里的单亲孩子为数不少，有的孩子缺少关爱，有的因为父母的内疚而得到了更多的溺爱，有的对于身边的人事过于敏感……

作为他们的班主任，我应该怎么办呢？

## 【分析问题】

答案在哪里？我求助了同学。带着疑惑，我找了很多学生进行访谈，结果发现：很多孩子的业余生活并没有大人想象得那么紧张；很多孩子还没体验过什么是充实，什么是充实后的满足；即使有的孩子很忙，但他们的忙碌更多是家长强加的，所以快乐感不足；还有很多同学在家里并不能感受到温

暖，单亲家庭的孩子我们先不谈，就算是父母双全的孩子，和父母接触的时间也很少，因为在他们成长过程中更多的是祖辈们的陪伴。

我认为每个个体都不一样，每个孩子所处的环境也都不同，但是每个个体又都有共同的需要、丰富的体验、满满的爱意和充满能量的生命气息。

作为班主任我应该怎么办？

黑板报如果需要自己带着孩子出，其实是作为班主任的失败；失败在我没有正确地指导孩子自己出黑板报。出好的黑板报仅仅是一个摆设，更加是我的无能；无能于黑板报仅仅是为了应付学校的检查，远远没有把黑板报的功能发挥出来。

面对这样的情况，我只能和学生们一起探讨解决方案……

## 【探讨方案】

既然学生感受不到家的温暖，那么我就让他们在学校里、在教室里感受到班级的温暖；既然学生出黑板报很慢，那么我就找到高效出黑板报的办法；既然学生不珍惜出好的黑板报，那么我就让每个人都成为出黑板报的人；既然学生体会不到什么是充实，那么我就给他们富有能量的体验……

总之，学生遇到什么问题，我们就解决什么问题！然而，班级的温暖、高效的劳动活动、正能量的体验从哪里来？有什么教育途径可以一次性解决所有问题呢？搞一次活动吗？当然不够，搞一系列活动，看似很系统，但是总有活动结束的一天。于是我想，学生每天在哪里学习呢？答案是教室。学生在哪里和同学们交流呢？更多的还是教室。那么我为什么不能打造一间有魔力的教室呢？一间能给学生带来学习方向，带来更多交流话题，能让学生感受到更多温暖的有魔力的教室。只要走进这间教室，学生们就能获得满满的正能量。

经营好我们共同生活的教室，让教室成为充满丰富体验、流动满满爱意，能够为每个生命赋能的场所——这，或许是我们能做的。

一间能够高效完成各项活动的教室，一间让每位学生都能全面发展的教室，一间激情满满的——"能量教室"。

打造"能量教室"流程：

要想让教室充满"能量"，以下环节缺一不可：

第一，通过学生征集、班委表决确定能让学生获得正能量的活动模块。

第二，针对每一模块布置的内容细化规则与实施办法。

第三，分组对学生进行培训，下达布置要求并听取学生意见，采用民主的方式促进学生布置教室的积极性。

第四，由各个小组对教室布置的空间进行分类，并选择最适合自己的小组布置的位置。

第五，根据小组选择的空间大小、位置特征等，筛选合适的材料进行布置布局，设计主题的字体大小以及确认材料张贴的位置。

第六，学生动手实践操作，完成布置任务。

【具体实施】

一、确定模块与实施办法

第一步：利用班会课，把教室布置的主题——"能量教室"，告诉全班同学；每人发一张A4纸，有奖征集"能量教室布置方案"。

第一次征集，大家思路未开，提交的方案普遍比较简单。教师在班中利用班会课先交流一部分比较好的方案，适当引导后，再进行第二次征集。第二次征集，孩子们提交的方案就好了许多（如图2）。

图 2  孩子们写的"能量教室"方案

第二步:召开班级委员会,让班委们在征集的方案中整理出可操作的、同学们支持率较高的能量教室的五大布置模块。

第三步:结合能量教室确定的"德、智、体、美、劳"五个主题教育活动,根据班级情况以及学生学业水平、能力倾向、个性特征、性别、个人特长等特点,以"组内异质、组间同质"为原则,引导全班学生分成五个小组。

第四步:每个小组建立小组 QQ 群,完成制作小组名片,加强小组凝聚力。每个小组对自己制作的小组名片进行交流,并开展一次小型的"打造能量教室"启动仪式,把每个小组的名片张贴在教室内,作为德育版块的第一次布置。

第五步:确定五个小组布置任务表(如表1)。

表 1  能量教室的布置任务表

| 模块与时间 | 9月 | 10月 | 11月 | 12月 | 1月 |
| --- | --- | --- | --- | --- | --- |
| 德育模块 | 第一小组 | 第二小组 | 第三小组 | 第四小组 | 第五小组 |
| 智育模块 | 第二小组 | 第三小组 | 第四小组 | 第五小组 | 第一小组 |

续　表

| 模块与时间 | 9月 | 10月 | 11月 | 12月 | 1月 |
|---|---|---|---|---|---|
| 体育模块 | 第三小组 | 第四小组 | 第五小组 | 第一小组 | 第二小组 |
| 美育模块 | 第四小组 | 第五小组 | 第一小组 | 第二小组 | 第三小组 |
| 劳育模块 | 第五小组 | 第一小组 | 第二小组 | 第三小组 | 第四小组 |

第六步：学习文件，落到实处；根据文件精神，设计对应的班级布置栏目（如表2）。

表2　模块布置栏目对照表

| 模块设置 | 学习资料 | 对应的班级布置 |
|---|---|---|
| 德育模块 | 是培养学生正确的人生观、价值观，培养学生具有良好的道德品质和正确的政治观念，培养学生形成正确的思想方法的教育。 | ①班级标语<br>②荣誉墙<br>…… |
| 智育模块 | 是授予学生系统的科学文化知识、技能，发展他们的智力和与学习有关的非智力因素的教育。 | ①学科编辑部<br>②学习、进步之星评比<br>③图书馆<br>④每日一积累<br>…… |
| 体育模块 | 是授予学生健康的知识、技能，发展他们的体力，增强他们的体质，培养他们的意志力的教育。 | ①照片墙<br>②动感表格（可参照动感教室）<br>…… |
| 美育模块 | 是培养学生的审美观，发展他们鉴赏美、创造美的能力，培养他们的高尚情操和文明素质的教育。 | ①作品展<br>②心灵信箱<br>…… |
| 劳育模块 | 是培养学生进行劳动观念和劳动技能的教育。 | ①绿植维护<br>②阳光菜园<br>③垃圾分类（可参照环保教室）<br>…… |

## 二、五大模块的实施办法

### （一）确定能量教室布置空间利用分布图

具体如图 3 所示。

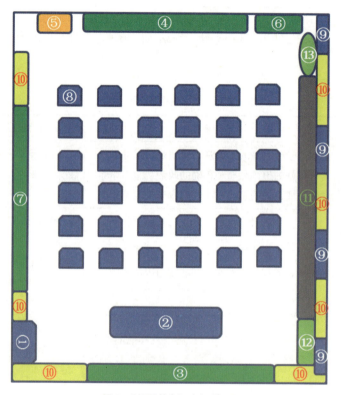

图 3 "能量教室"空间利用图

| 图解 | ①教室门<br>②讲台<br>③每日一积累<br>④黑板报<br>⑤中学生守则 | ⑥每月之星<br>⑦主题作品展示<br>⑧学生座椅<br>⑨节日作品展示<br>⑩数学编辑部 | ⑪图书角<br>⑫垃圾分类<br>⑬阳光菜园 |

## （二）模块成果图与素材资源的收集

### 1. 德育模块

**表3　德育模块成果图与素材资源对照表**

| | | 成果图 | 素材资源 | 制作说明 |
|---|---|---|---|---|
| 班级标语 | 版式一 | | ①圆规；<br>②剪刀；<br>③打印机；<br>④光面墙壁纸。 | 在网上搜索关键词"光面墙壁纸"，一卷可以贴 $5.3m^2$。 |
| | 版式二 | | ①毛笔；<br>②宣纸；<br>③宽透明胶；<br>④双面胶。 | 这个版式可以结合学生的作品，自己选择适合自己班级的标语。 |
| | 版式三 | | 网上直接购买适合班级的标语。 | 在网上搜索关键词"教室标语墙贴"，从5元到60元不等，可以根据自己班级的实际情况进行选择。 |

第二章　活力四射的空间

续　表

| | | 成果图 | 素材资源 | 制作说明 |
|---|---|---|---|---|
| 荣誉墙 | 版式一 | | ①双面胶；②剪刀；③打印机；④光面墙壁纸。 | 这是贴在墙壁上的荣誉墙。 |
| | 版式二 | 市东中学 | ①网上购买艺术字、装饰小花；②绿板钉。 | 这是放在绿板上的光荣榜。 |

## 2. 智育模块

表4　智育模块成果图与素材资源对照表

| | | 成果图 | 素材资源 | 制作说明 |
|---|---|---|---|---|
| 学科编辑部 | 版式 | | ①粉笔；②剪刀；③打印机；④光面墙壁纸；⑤复印机。 | 学科编辑部由每个小组负责，收集值日时间内各学科的优秀作业，看到相关的好文章，请同学到学校复印室复印好，贴在易于更换的光面墙壁纸上。 |

续 表

| | | 成果图 | 素材资源 | 制作说明 |
|---|---|---|---|---|
| 学习、进步之星评比 | 版式一 | | ①绿板钉；②剪刀；③打印机；④同学照片。 | 班级中的每个学生都交一张照片，作为备用；由值日的小组负责更换。 |
| | 版式二 | | ①评比栏墙贴；②标签贴纸；③黑色水笔。 | 在网上搜索关键词"评比栏墙贴"，然后根据本班的评价制度进行选择；在网上搜索关键词"标签贴纸"，用来写班级同学的名字；这样，富有班级个性的评比栏就制作成功了。 |
| 图书馆 | 版式一 | | ①网上购买书架；②购买图书。 | 在网上搜索关键词"简易书架"，20元到200元不等，可根据班级空间进行选择；图书可以用班费购买，学期结束后，可以结合评价体系作为奖品发给学生。 |
| | 版式二 | | 利用班级现有的平面摆放。 | 在班级中寻找适合摆放的平面；书籍可以请同学从家里带来分享。 |

第二章 活力四射的空间

续　表

| 　 | 　 | 成果图 | 素材资源 | 制作说明 |
|---|---|---|---|---|
| 每日一积累 | 版式 |  | ①粉笔；②剪刀；③自制小花；④光面墙壁纸。 | 光面墙壁纸选择黑色，贴在墙上可以作为一个拓展的黑板；自制小花可以作为这块黑板上的装饰；粉笔用来每日更换积累的内容；每位同学负责一天的积累内容。 |

## 3. 体育模块

表 5　体育模块成果图与素材资源对照表

| 　 | 　 | 成果图 | 素材资源 | 制作说明 |
|---|---|---|---|---|
| 照片墙 | 版式 |  | ①艺术字；②麻绳；③彩色夹子；④班级体育活动照片。 | 麻绳可以用彩色的线代替；在网上搜索关键词"可爱木夹"会有不同的款式，请同学们选择自己喜欢的就好。 |

### 4. 美育模块

表6　美育模块成果图与素材资源对照表

| | | 成果图 | 素材资源 | 制作说明 |
|---|---|---|---|---|
| 作品展 | 版式一 | | ①学生作品；②挂钩；③透明胶（备用）。 | 在班级的墙面上，规划可以挂作品的地方；贴上挂钩。小技巧：如果挂钩贴在墙面上不牢固，可以先在墙面上贴上透明胶，在透明胶上贴上挂钩。 |
| | 版式二 | | 学生作品。 | 利用班会课进行展示。 |
| | 版式三 | | 学生作品。 | 在教室中，规划可以摆放作品的平面。 |
| 心灵信箱 | 版式一 | | ①彩纸；②纸盒；③水笔。 | 把彩纸贴在纸盒上，并对纸盒进行装饰。 |
| | 版式二 | | ①学生自己画的心理小报；②绿板钉。 | 学生进行心理小报评比，把获奖的作品进行展出。 |

第二章　活力四射的空间

## 5. 劳育模块

表 7　劳育模块成果图与素材资源对照表

| | | 成果图 | 素材资源 | 制作说明 |
|---|---|---|---|---|
| 绿植维护 | 版式 | | ①花架；②绿植。 | 在网上搜索关键词"花架"，价格 20 元到 200 元不等，可根据自己班级的情况来选择；盆栽可以请同学们自己带来。 |
| 阳光菜园 | 版式 | | ①学校提供的小铲子；②工具盒。 | 工具放在教室里，菜园在校园的基地里，长好的蔬菜可以通过移栽的方式，放在教室里。 |
| 垃圾分类 | 版式一 | | 分类垃圾桶。 | 这是社区统一发的分类垃圾桶，由学生提供。 |
| | 版式二 | | ①垃圾分类小报；②绿板钉；③大彩纸。 | 大彩纸为底，用绿板钉钉在绿板上，再在大彩纸上钉上学生出的垃圾分类小报。 |

## 三、高效完成布局设计攻略步骤

（一）问题再现

从前面的值日表格中可以看到，"能量教室"中的每一位同学都会得到布置教室的机会，"能量教室"中的每一位同学都会参与到班级布置中来，"能量教室"中的每一位同学都会有机会进行任何一个模块的布置。

这样的布置任务正是班级"正能量"的一种体现，那么如何才能让每位同学都能胜任自己的值日任务？这就是班主任需要思考的问题。

比如我在接班伊始遇到的问题：学生不会出黑板报，没有画画功底等问题该怎么解决呢？更何况是涉及德、智、体、美、劳五大模块的布置任务，学生们能应付的来吗？

作为班主任，我应该怎么帮助他们？

办法总比问题多：实践—尝试—再实践，这本身就是一种能量的象征！

（二）攻略问答

对每个小组进行模块布置培训是最有效的攻略。

（1）培训什么？

平面布局设计培训。

（2）为什么进行平面布局培训？

因为教室的布置还是以平面布置设计为主，加之少量的空间布局为辅；对平面布置设计进行专项培训，推广意义重大。

（3）为什么不进行空间布局培训？

因为教室内的座椅、讲台这些基本都是固定的，教室四周可利用的边角部分不多，只要常规摆放即可。

（4）怎么培训？

进行平面设计步骤的细化是最高效的方法；图纸设计草图—实施草图方案。

（5）这样的培训可以推广吗？

当然可以推广，黑板报设计、绿板设计、照片墙设计、荣誉墙设计、每日一积累设计……这些都是通过平面布局设计进行布置的。

（6）培训的目标是什么？

学生布置平面时效率要高，时间要短，操作实用性强的同时又不失美观。

## （三）培训步骤解析——以黑板报平面设计为例

所需材料：

磁性小花（花朵磁贴只要在网上搜索就能买到）、大三角板、彩色粉笔、白色 A4 纸、直尺和笔。

步骤一：查找资料，确定版块。

先针对黑板报的主题收集相关的资料：

（1）负责的同学在网上收集；

（2）班级同学投稿；

（3）在班级图书馆里查找相关内容。

根据收集的资料确定黑板报的版块，以"心理健康"主题为例：经过同学们的讨论确定四个版块，分别是爱祖国、爱家庭、爱集体、爱自己。

步骤二：度量黑板，设计图纸。

表 8　步骤二分解说明表

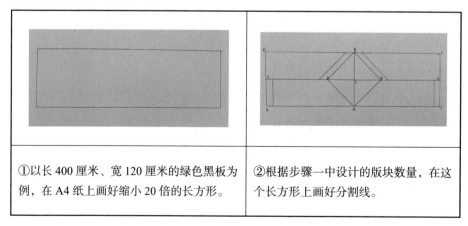

步骤三：完成板报。

表9　步骤三分解说明表

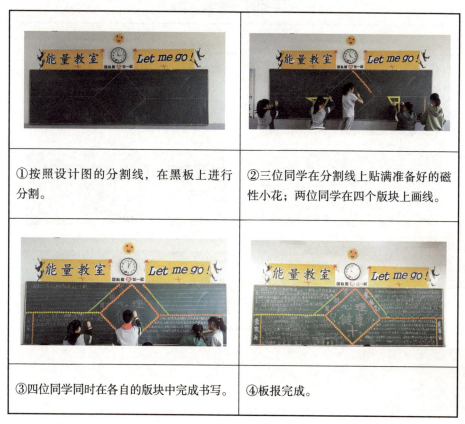

| | |
|---|---|
| ①按照设计图的分割线，在黑板上进行分割。 | ②三位同学在分割线上贴满准备好的磁性小花；两位同学在四个版块上画线。 |
| ③四位同学同时在各自的版块中完成书写。 | ④板报完成。 |

温馨提示：

①经过试验，黑板报中，文章主体部分每行字的间距为8厘米最佳；

②写标题时把粉笔折成宽度相同的小段后横过来写，字体比较粗，然后再用不同颜色的笔勾勒出边框即可，文章的主题部分可以选择白色或者黄色的粉笔来写，这样比较清楚。

## （四）效果对比图

表 10　平面设计草图与成果对比表

| 草　图 | 成果图 |
| --- | --- |
|  |  |
|  |  |
|  |  |

## （五）过程反思

出一期黑板报，用 45 分钟就能完成，这样的模式可以让更多的同学参与到黑板报的创造中，避免了以往出黑板报仅仅是宣传委员的工作的局限性。因为每个同学都会有出黑板报的经历，那么每期的黑板报都会引起同学们的关注，他们会关注黑板报的版式、内容的深度、颜色的选择等，因为这些都会成为他们自己创作黑板报的灵感。

这样的方式深受同学们的喜爱，这样的黑板报不再只是为了应付学校的检查，不再"名存实亡"，而是充满了情感。

例如，这里展示的黑板报一共有六位同学参与创作，这六位同学都是预初年级的孩子，在小学没有出过黑板报的经验，没有对美术进行过专门的训练，他们从中午吃完饭开始，共用了 25 分钟，再加上下午的两个课间（每个课间 10 分钟），就把黑板报出完了。没有以前的拖拉，没有浪费更多的课余时间，有的只是效率与成功后的满足感。

同时，这样的创作模式还被同学们推广到了大绿板的创作布置上。例如同学们根据绿板的尺寸及收集上来的作品大小，先在 A4 纸上进行模块设计，然后按照设计的模块在绿板上钉好作品，效率更高，效果也一次比一次好。

## 【能量教室里的能量故事】

### 手机，我该拿你怎么办？

开学不久，我就接到班中一位女同学妈妈的电话。在电话中得知，这个女孩子虽然才上六年级，但是对手机已经很依赖，甚至可以说对手机有点上瘾。吃饭、睡觉、走路，无时无刻都离不开手机。父母对此很头疼。最严重的一次她还威胁母亲说："你不给我手机，我就跳楼！"无奈之下，这位妈妈向我发出求助。

面对这种情况，我应该怎么办呢？转变一个人是一件复杂、漫长的事情，绝非一日之功。正在困惑之时，我欣喜地发现了一个突破口——这个小女孩对布置教室很感兴趣，于是我便从"能量教室"的布置入手，先让她从最简单的工作开始，比如张贴同学们的作品、打扫教室卫生、摆放整齐座椅等。在这个过程中，每次她出色地完成任务，我都会及时表扬她，放大她在布置"能量教室"过程中的成功感。

不久，转变的机会就来了！轮到她所在的小组出黑板报时，她的任务是上网查资料，当然这和她有手机的原因是分不开的。在这次黑板报创作中，他们小组板报的内容得到了同学们的一致好评，她又一次品尝到成功的喜悦。在这次经历中，她还兴奋地回家和妈妈说："你看吧，这就是使用手机的好处，你还总是不让我玩手机！"当然，听到这句话，妈妈心里很不是滋味。于是我在和她妈妈沟通的过程中指出："至少她现在使用手机的目的不仅仅是玩游戏了啊！"

很快，轮到他们小组负责大绿板的布置工作了。她又自告奋勇负责这次创作的资料收集工作。作为班主任，我提出了自己的建议，让她尝试做一次设计师,即在 A4 纸上设计版面,可以通过手机图片查阅寻找灵感。她很出色地完成了这次设计工作,设计出了让同学和老师都很满意的以"京剧文化"为主题的绿板布置。她再一次感到成就感爆棚。她开始把更多的精力放在谈论"能量教室"的布置及设计上,手机仍然在身边,但是已经有了好转,至少她知道手机还有更有意义的开启方式。

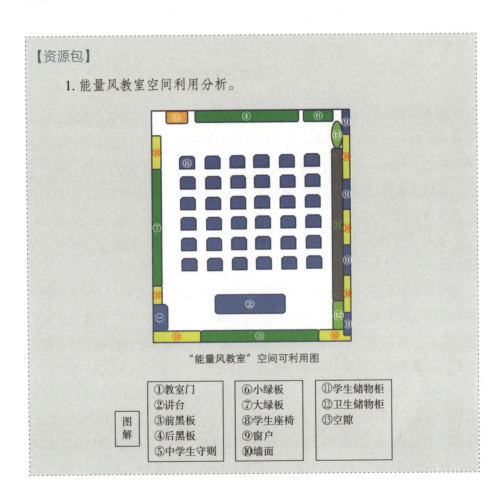

【资源包】

1. 能量风教室空间利用分析。

"能量风教室"空间可利用图

图解
①教室门　⑥小绿板　⑪学生储物柜
②讲台　　⑦大绿板　⑫卫生储物柜
③前黑板　⑧学生座椅　⑬空隙
④后黑板　⑨窗户
⑤中学生守则　⑩墙面

"能量风教室"布置选择利用的空间。

| 版　块 | 可供选择空间 | 用途说明 |
| --- | --- | --- |
| 学科版块 | ⑩墙面 | 三个编辑部成员，选定自己编辑部需要布置的墙面，制定规则后，按照规则进行布置 |
| 阅读版块 | ⑪储物柜上面 | 图书角：图书管理员选定图书摆放的几个位置，定期进行更换 |
| | | 心灵信箱：心理委员选定一个摆放心灵信箱的位置 |
| | ④后黑板 | 黑板报：宣传委员定期完成黑板报 |
| | ⑩墙面 | 每日趣味大PK：选定一块墙面，自贴可擦除小黑板 |
| | ③前黑板 | 每日一积累：把前黑板进行分割，教师上课用不到的地方进行每日一积累的更新 |
| 评比版块 | ⑥小绿板 | 把小绿板分割成三部分，分别张贴"本月劳动之星""本月学习之星""本月进步之星"同学的照片 |
| | ⑩墙面 | 选择教室门口正对着的这面墙，张贴班集体及同学个人获得的奖状 |
| 劳动版块 | ⑬空隙 | 阳光菜园：利用空隙的部分，摆放一张学生课桌，上面摆放长条菜园，阳光充足 |
| | ⑫卫生储物柜 | 垃圾分类：在卫生储物柜上做好垃圾分类的标记，张贴操作规则 |
| 作品展示版块 | ⑩墙面 | 余下没有被利用的墙面都可以作为作品展示墙 |
| | ⑦大绿板 | 根据不同的主题进行布置，布置的本身就是学生的作品 |
| | ⑨窗户 | 配合节日，可选择展示一些合适的作品，例如剪纸 |

2. 小组合作制度及部分活动设计建议。

我组织召开了班会课讨论制定相关的组内成员之间的合作制度。大家以小组为单位进行讨论酝酿，最后大组进行交流汇总。在大家的集思广益下，一条条细则慢慢呈现了。

组内成员之间合作制度：

组长职责：组长应在班主任和班委会的指导下开展工作履行职责。职责主要包括组织小组的活动和进行小组常规管理。

（1）组长带头遵守执行小组内的各项制度，时时处处带头维护小组、班级、学校的荣誉，起榜样作用，作好示范。

（2）组织组员开展课内外合作活动，经常检查、督促组员学习。

（3）组长应对组员进行分工，如班级活动、展示活动等，以便更好地完成任务，应注意让组员轮流完成查资料、画图、板书、讲解、质疑等各项任务，使每个组员均得到锻炼。

（4）组织小组合作学习活动的快速、有序开展。

（5）组长遵照小组合作制度对组员进行客观评价并将结果按时反馈给班主任和组员。

组员职责：

（1）组员应服从组长安排，各项活动做到分工和协作。

（2）每个组员都要有公平的锻炼机会，轮流完成各项任务，鼓励帮助后进同学进行更多的锻炼。

（3）组员之间要形成"手拉手"结对子的格局，通过互帮互助，共同进步。

（4）坚决杜绝碍面子、讲人情以及孤立、排挤某同学等现象。

3. 能量教室名片。

班级名片操作说明：由学生制作张贴在班级门口的墙面上（如下图）。

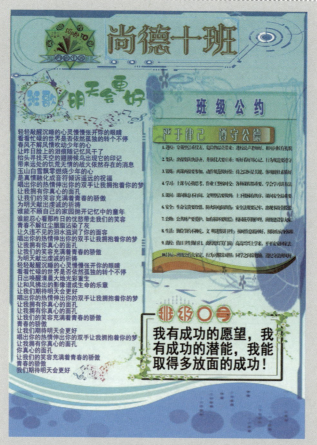

4. 能量教室班币制度及班币。

班币奖励制度是创建能量教室过程中不可或缺的一个部分（如下图）。班币作为综合评价的工具，为布置能量教室的有序发展提供了重要保证。

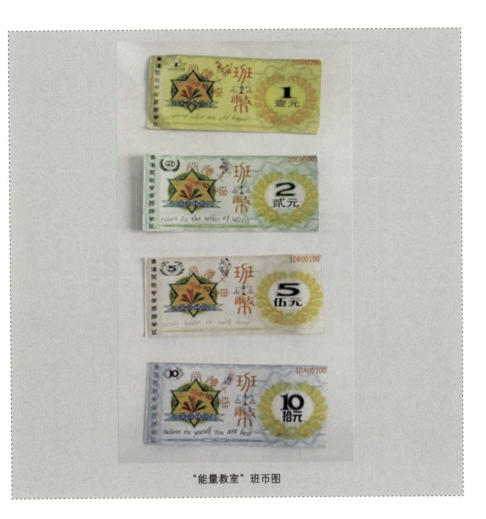

"能量教室"班币图

第三章

# 知识学习的空间

# 乐学风教室

复旦大学第二附属学校乐学教室的孩子们

这里是一首小诗
别在衣襟,烂漫如一朵小花
这里是一艘小船
滑动船桨,飞翔如一只海燕
你们轻轻告诉我
把热爱化为成长的甘泉
这里有最朴素的生活
这里有最遥远的梦想

——刘小莹

**作者简介：**

刘小莹，复旦大学第二附属学校语文教师、班主任。曾获杨浦区"园丁奖"，上海市民办中小学"十佳优秀班主任"提名奖，所带班级曾获杨浦区优秀班集体称号，多次在区班主任相关比赛中获奖。在教育科研中，她先后有多篇论文、案例、课题研究获奖或发表。她喜爱钻研，尊重学生，是学生成长路上的引路人。

**带班理念：**

每一个生命都值得温柔对待，班主任要努力与学生建立深情的情感链接，激发学生的生命力源源不断涌出，让每个生命乐于学习，乐于创造，乐于成长，充满向善、向上、向美的生命能量。

小柜门也会说话呢!
热气球的制作超有创意,真赞!
每期黑板报原来都可以有个童话故事!
小伙伴们的手抄报画得太美了!
生日墙上的他原来喜欢这样的生日礼物呢!
看,我们班把微信群搬到墙报中啦!
我们的"乐学教室"原来可以这样!

图1 复旦大学第二附属学校乐学教室的孩子们在布置教室

太阳是明亮的,
风轻吹着梦,
用青春作画,
教室讲述着故事,
我们不说话,
就很美好,
有热爱,有追求,有创意,有美,有诗……

【遇见问题】

刘老师……，刘老师……

"刘老师，我们班级男生把人家班的圣诞节装饰品弄坏了，人家班长现在要求我们班级赔钱。"

"刘老师，小阳在教室扔粉笔头，我跟他讲，他也不听。"

"刘老师，课间小琦把纸团扔电风扇上，班级男生还把纸飞机扔风扇上。"

"刘老师，你们班级几个男生课间打闹，把我们班级后柜的柜门踢坏了。"

"刘老师，我今天看到后勤老师抱着5个柜门从德育处门口经过，一问是要给你们班级修，坏了这么多，先给你们班级行规分扣3分。"

……

带班两年来，这样的事数不胜数。

班级里一群男生活泼也躁动，年轻的生命中，好像有无穷的能量没处发泄，班级每天上演各种打闹剧，不同的男生轮番做"主角"，班主任就像救火员，天天到处灭火，反复教育，收效甚微。

学生的那根心弦到底在哪呢？

我们会自己修！

近来，班级4个小柜门又被损坏了。

在班级内，我激动地说："这么多小柜门坏掉，大家应该有观察，有提醒，有劝阻。让后勤的师傅一次次来给我们修，是不是应该不好意思呀？！"

放学后，小阳说："刘老师，小柜门我们会自己修。"小阳和小琦，很努力地在我面前修理起来。只见两个男生把凹进去的小柜门用尺子撬出来，拆下来。平日里，柜门被外力砸得变形了。他们把柜门放地上，压平整，再安装回去。果然，柜门开关没了问题，不会卡在里面了。他们脸上露出一种成就感，我也频频赞叹。我心想：男孩子虽然顽皮，但动手能力真的强啊。

"书架"变"花架"啦！

修柜门的事让我联想到班级曾发生过的一件小事。班级中有一个废弃的书架，摆放在垃圾桶旁边很久，横在教室里，占空间，我提议扔掉。几个男生不舍得扔，觉得有用处。他们竟然把书架竖起来，放在图书角旁边，把两盆绿植摆在书架里，木条上挂上装饰品，"花架"就出现了……

花架上摆上山水油画，挂上班级介绍小黑板。小黑板上同学亲切地将班主任写作"小莹姐姐"。看到这处景致，我内心感觉到快乐、温馨。

## 【现象分析】

"修柜门""创意花架"，两件小事触动了我，让我开始观察、回忆、思考。我发现：

几个男孩子喜欢乐高，他们甚至建立公众号，来展示自己的作品。

有男生手绘了校园平面图，送给来我校游学的云南同学。

出黑板报前，要擦干净黑板，看似顽皮的几个男生，总是热心去做这件事。

二日营时，7个男生一组，做水果拼盘，很细致，很用心。

义卖活动，班级制作店铺海报，"解忧杂货铺"的海报画得真好。

初二艺术节辩论赛，同学们刻苦训练，表现精彩。

《合为贵》《追光者》《生僻字》等众多艺术节节目很有创意，有多种表演元素渗透。

……

我认为：活泼、好动……本就是孩子的天性。乐于创意，乐于动手，乐于表现……是班级孩子的优点。没有有序的组织，没有更多展示的平台，没有深刻的引导……生命能量就转变为"破坏力"。

要多给孩子们找一些事去做！要让孩子们有一个渠道去发挥自己的能量，培养自己的能力！要给孩子们创设一个展现自己生命个性的空间！

## 【探讨方案】

作为班主任，面对这个年龄阶段孩子的"破坏力"，与其简单批评说教，不如花更多力气引导学生乐于学习，乐于追求，乐于实践，乐于创造……"乐学风教室"的创建应运而生。

第一，让"乐学风教室"成为学生挖掘潜能的空间。

教室不仅是物质空间，更是一种文化精神存在；教室本身是静态、无生命的，但是学生可以赋予教室个性、风格、生命力。"乐学风教室"与学生的交互中，展现了学生德、智、体、美、劳的全面发展和个性潜能的有效开发，实现环境育人的目的。

第二，让"乐学风教室"成为锤炼"乐学品质"的场所。

学生进行教室布置，在划分版块、主题构思、材料选择、动手实践等时，都有他们情感、智能、审美的投入和体现。这个过程中学生获得"尝试""挑战""成功"的心理体验，"乐学"品质熔铸在学生生命中，学生行走于追求进取、乐观快乐的人生之路。

第三，让"乐学风教室"成为"复旦文化"内化的载体。

复旦大学第二附属学校作为复旦大学的子弟学校，秉承复旦大学的校训"博学而笃志，切问而近思"。这个校训鼓励每位初中生从各个方面去学习，广开源头；吸取知识的精华，确立伟大的志向；踏踏实实做事，有所作为。"乐学风教室"的创设，让学生拥有了自己小小的舞台，小舞台大天地，学生尽情挥洒才智。文化的内化，要有载体并进行落地。

打造"乐学风教室",这里有热爱追求,有探究创造的气息,有乐学的氛围,有务实肯干的精神……通过与学生的探讨,完成以下操作流程:

第一,针对班级现象问题,通过分析、探讨方案,进行乐学风格定位。

第二,乐学风格统摄下,结合学校要求,明确主题。例如,主题有传统文化、雷锋精神、显才示艺少年时等。

第三,乐学风格统摄下,围绕"主题",把不同版面设计成不同元素。例如,童话黑板报、微信群聊墙、"会说话"的柜门、生日心愿墙、文化探寻墙等。

第四,结合不同版面的要求,分小组对学生进行培训,分配材料收集的任务,并对学生提供的材料进行筛选,择优录用。

第五,学生动手实践操作,完成布置任务。

# 【具体实施】

## 一、乐学教室布置启动

第一步:班级动员,达成共识。

(1)教师提出"乐学教室"布置的想法,重点口述创设"乐学教室"的原因。

(2)教师描述班级同学特长,激发学生布置教室的兴趣。

(3)教师用PPT呈现各种精美的教室图片,激发学生对理想教室的向往。

第二步:民主讨论,集思广益。

(1)每人发一张A4纸,学生写下对"乐学教室"的想法。可以写质疑,可以写理解。

（2）班主任总结学生信息，梳理"乐学教室"构想的关键处。

（3）指导宣传部思考：什么是"乐学教室"？怎么表现出"乐学"氛围？

第三步：班委会议，元素构思。

（1）班主任提出"乐学教室"版块元素。

（2）宣传委员结合学校要求，也提出了"乐学教室"版块元素。

（3）师生集体讨论，选择最佳的表现形式，确立了"乐学教室"五大元素。

第四步：采买材料，组织人力。

（1）宣传部给出采买要求。

（2）生活部从网上购买，班费记账。

（3）宣传部分配任务，全班分小组，负责不同版块。

具体流程如下所示。

表1　打造乐学教室布置启动流程表

| 步　骤 | 主要内容 | 实施时间（建议） | 实施办法 |
| --- | --- | --- | --- |
| 第一步 | 班级动员，达成共识。 | 一节课 | 教师讲解，学生听、看、思。 |
| 第二步 | 民主讨论，集思广益。 | 2天 | 学生晚上在A4纸上完成书写任务，第二天教师梳理学生信息，并找宣传部沟通。 |
| 第三步 | 班委会议，元素构思。 | 一节课 | 教师和宣传部分别提出方案，集体讨论确定方案。 |
| 第四步 | 采买材料，组织人力。 | 4天 | 生活部网上采买材料，宣传部分配各小组任务。 |

## 二、乐学教室版块元素

乐学教室板块元素如图2所示。

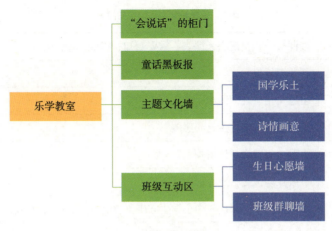

图 2　乐学教室版块元素图

## 三、乐学教室布置资源梳理

### （一）教室空间资料利用

乐学教室空间资源利用可以用图和表进行详细说明。

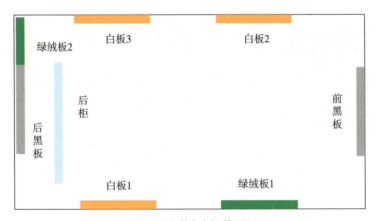

图 3　乐学教室空间利用图

第三章　知识学习的空间

表2 乐学教室空间内容安排表

| | |
|---|---|
| 前黑板 | 授课板书、呈现当天课表、重要通知、提醒作业内容 |
| 后黑板 | 童话黑板报 |
| 绿绒板1 | 主题文化墙之"国学乐土" |
| 白板1 | 班级互动区之"生日心愿墙" |
| 白板2 | 主题文化墙之"诗情画意" |
| 绿绒板2 | 班级互动区之"班级群聊墙" |
| 白板3 | 按学校要求,张贴《中小学生守则》、社会主义核心价值观 |
| 后柜 | "会说话"的柜门,柜门上张贴体现学生个性的照片和学生喜爱的名言 |

（二）乐学教室资源收集

打造乐学教室的资源从哪里获得,如何收集,图3可以提供若干思路。

图4 打造乐学教室资源收集图

## 四、乐学教室元素效果及说明

表 3 "乐学教室"元素效果说明

| 版块元素 | 效果图 | 特色说明 |
|---|---|---|
| 柜门设计 | | 设计柜门形象照，同学们可谓煞费苦心。他们选了自己最阳光、最美丽的照片，中英文的格言中可见他们内心的坚强、乐观以及对美、梦想的追求。 |
| | | 喜欢《悲惨世界》的学生不忘借形象照再次表达对雨果的喜爱。因为他的爱好，班级同学也爱上了雨果的作品。右边这张很可爱，00后的学生自信满满，也有"只争朝夕"的气魄。 |
| | | 有些学生选择风景照作为个人形象照。这些景色都是学生出国旅游时拍下的美图。因不同学生的选择，柜门设计呈现出内容多元、意义丰富的特点。 |

续 表

| 版块元素 | 效果图 | 特色说明 |
| --- | --- | --- |
| 柜门设计 | | 宣传部的同学们把小伙伴的形象照统一贴在右上角，显现出整齐美。课间，这些形象照一定是班级同学们津津乐道的亮丽风景。 |
| 童话黑板报 | | 初始版：<br>在黑板报的探索中，班级的"乐学"精神慢慢涌现。初始阶段，同学们追求色彩的绚丽，局部细节小小的精致。<br><br>进阶版：<br>渐渐地，同学们在构思上追求创意，用童话元素表现主题。熟知的童话形象是同学们的秘密暗语，无需多言自然能引起共鸣，引出无限美好的情感。 |
| 黑板报制作 | | 窗外夜已深，同学们虽身在初三，但是依然充满热情地投入到板报制作中。 |

续　表

| 版块元素 | 效果图 | 特色说明 |
| --- | --- | --- |
| 黑板报制作 | | 打造班级"乐学文化"从板报开始，每一份情感和智慧投入之后，带给学生的是无尽的成长满足感和动力。 |
| 校园板报乐学元素风采展 | | 复旦大学第二附属学校有很多优秀班级，它们的板报可圈可点，值得欣赏。<br><br>学校黑板报虽然大多都是粉笔画，但是无论色彩、构图、文字还是意象表达，都体现出小复旦人对生活的热爱、对美的追求。<br><br>独角飞马造型、龙猫和小王子等选材的运用，可见同学们在板报制作时的用心用情。 |

第三章　知识学习的空间　113

续　表

| 版块元素 | 效果图 | 特色说明 |
|---|---|---|
| 主题文化墙绿绒板 | | 每一期绿绒板都有学校规定的主题，如何设计出不同的版式呢？如何高效利用已有工具和装饰品呢？同学们每期都有自己的构思和创意。最初用网片格，因为经常掉落，同学们便选用渔网。 |
| 主题文化墙（白板） | | 几年来同学们喜欢利用假期边学古诗，边绘制成手抄报。这些小报成为我们布置教室的绝佳材料。 |
| | | "乐学教室"布置，不只是堆积漂亮的素材，更需要同学们重视学的过程。 |

续 表

| 版块<br>元素 | 效果图 | 特色说明 |
|---|---|---|
| 班级<br>互动区 |  | 我们班级自称为沙漠之鹰,细节文字中总能感受到同学们的决心和斗志,例如"横绝学海,笑傲苍穹"。他们的文字很打动我。 |

## 五、乐学教室打造步骤

### (一)元素一:"会说话"的柜门

**1. 流程图**

图 5 "会说话"的柜门设计流程图

**2. 流程解析**

(1)班委讨论,确定版式。

班委讨论要尊重大家的个性,不一定统一用真人照片,可选用个人形象照,可选用其他表现个性和兴趣的照片。班委决定用照片软件设计,把格言设计在照片上,这得到班委的一致认可,决定可以量产。

(2)制作范例,设计教程。

负责人制作范例,并写下详细的制作流程:打开手机App,在主页上点击"拼图",添加一张照片,再点击"开始拼图",在下方"海报"栏点击标有"love you"的版式,点击保存。随后再回到主页,点击"美化图片",添加刚刚设计的照片,再点击下方的"文字"图标,拉动"点击输入文字"的文本框到底下空白处,输入"格言",保存即可。

（3）模仿制作,收集张贴。

把范例和教程发到家长微信群、学生微信群,在全班推广。每位学生模仿制作后上交。彩色打印质量好的纸板,省钱又美观。张贴时,用双面胶粘好照片4个角,统一布置在小柜门把手旁边,力求统一整齐。

3. 学生操作流程图

表4 "会说话"的柜门操作流程

① 班委讨论方案　② 确立版式
③ 制作图例教程　④ 纸质彩打剪裁

## （二）元素二：童话黑板报

**1. 流程图**

图6 童话黑板报设计流程图

**2. 流程解析**

（1）内容确立。

每月黑板报主题都由学校统一决定，如何把不同主题的黑板报表现为乐学风呢？我们认为黑板报不能仅仅是文字和图画的堆砌。班级同学希望每期板报融入童话故事，我们把这种类型的板报称为"童话黑板报"。作为整个黑板报的底色构图，隐含着故事，有象征性的价值意义，能表达观点，能吻合主题。所有欣赏者一看构图设计，立马能抓住黑板报的整体神韵。同学们的自我要求提高了板报制作的难度，也锻炼了他们的板报制作能力，培养了创新意识。

（2）草图构思。

这一期的主题是"规矩方圆"，学生选取了《爱丽丝梦游仙境》的童话故事作为板报元素（图7）。第一，草图中先写上大标题"规矩方圆、知法守法"起到提示作用，以免后续的设计元素偏离主题。第二，根据黑板，画出长方形框。画出标题位置、配图样式、文字区域。特别要把每个局部标注出序号。标序号的目的是为了下一步的阐释。第三，按序号解释：结合上图，序号①要画一只兔子先生。序号②要写大字"规矩方圆、知法守法"，并标注是瘦金体。字体的标注显得尤为重要，不同的文字风格与板报主题是相映衬的。序号③要画出爱丽丝。序号④暂定画捕梦网和猫。序号⑤要画出彩旗，写出文字"富强、民主、文明、和谐"。第四，色彩确定：白色、红色、紫色（或蓝色）。

图 7　童话黑板报草图设计

（3）操作执行。

第一步：学生快速地在黑板上打上边框，画出底稿。留出空间，写上出刊人，是对宣传小队的尊重和感谢（图 8）。

图 8　童话黑板报之画底稿

第二步：绘图。黑板报选用粉笔绘图写字，为了突出醒目，涂色时要反复涂，使颜色变鲜亮才好（图 9）。

图 9 童话黑板报之绘图

第三步：填充文字，板报成形（图 10）。

图 10 童话黑板报效果图

## （三）元素三：国学乐土

步骤一：设计草图，准备材料。

如何创造一个有"乐学"氛围的教室？班级学生用一块绿绒板和白板，创建"主题文化墙"，展现了他们对传统文化的热爱和思考。便签条上留下学生对传统文化的感悟；结合传统节日——清明节，介绍相关诗句；假期参观文化场馆的小队照片，更是用来表达对文化的热爱。班级学生挖掘生活中的点滴，把心灵世界投射到壁报上，力图用丰富生动的制作表达对班集体的热爱，表达自身对创意和美的追求，"乐学教室"的气韵在整个过程中流淌。

表5 "国学乐土"版块草图及材料表

| 类 别 | 图 片 | 说 明 |
|---|---|---|
| 草图 | 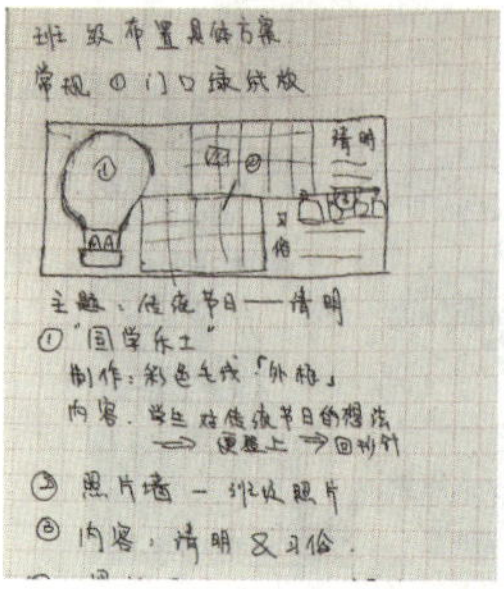  | ①绿绒板划分为：国学乐土、照片墙、传统节日；②画出简图，标明内容。 |
| 材料 | 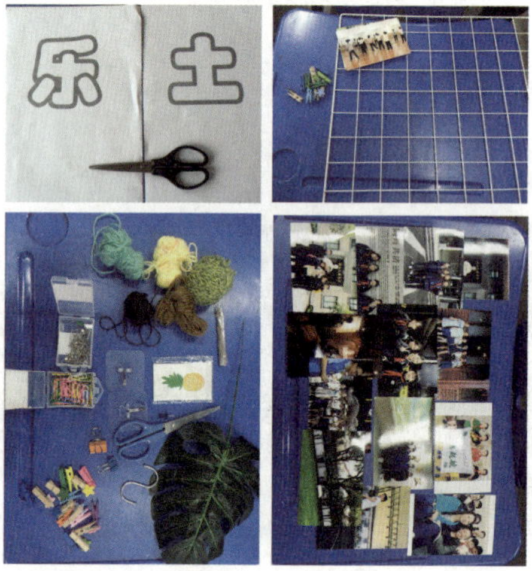  | ①常规材料：纸、剪刀、马克笔、钉子、小锤等；②个性化材料：网格片、小木夹、挂钩、毛线、回形针、便签条、照片等。 |

步骤二：设计文字，简洁实用。

表6 "国学乐土"标题设计表

| 方 法 | 图 片 | 说 明 |
|---|---|---|
| 打印 |   | ①在Word中打文字；②字体是"华文彩云"；③字体内可填上色彩；④也可用彩色纸打印；⑤也可以填涂多种色彩，形成多彩标题。 |

续　表

| 方　法 | 图　片 | 说　明 |
|---|---|---|
| 手写 | | ①用多彩马克笔粗头书写；<br>②剪刀沿轮廓剪下来，此方法便捷，可以快速做出标题；<br>③学生亲自动手书写，有参与的快乐感、成就感。 |
| 张贴 | | ①选用细小的大头钉，可以不突兀；<br>②用小锤敲击大头钉，订在绿绒板上。 |

步骤三：设计样式，灵活多变。

表7　"国学乐土"版块制作流程表

| 流　程 | 解　析 | 图片示例 |
|---|---|---|
| 流程一 | ①粉笔画轮廓；<br>②图钉定外形。 | |

第三章　知识学习的空间

续表

| 流程 | 解 析 | 图片示例 |
|---|---|---|
| 流程二 | ①多彩毛线勾在图钉上；<br>②底色为绿色，与绿绒板色彩融合。 | |
| 流程三 | ①把毛线勾在图钉上，来回往复多次；<br>②试图使色彩明亮些。 | |
| 流程四 | ①学生在多彩便签条上写下文字；<br>②用回形针固定在毛线上。 | |

续 表

| 流　程 | 解　析 | 图片示例 |
|---|---|---|
| 流程五 | ①选用装饰材料，如白云和卡通图片；<br>②用钉子和小锤，把装饰材料固定在绿绒板上。 | |

表8　"国学乐土"之"照片墙"制作流程表

①用小锤敲击挂钩。

②用小木夹固定照片。

③把网格片挂在挂钩上。

④网格片容易从挂钩上滑落，同学们选用了渔网做照片墙。

图 11　乐学教室之"国学乐土"版块效果图

## (四)过程反思

### 1. 教师乐于参与

教室布置中教师的角色如何定位呢?完全交给学生,美其名曰"自主性",或许是不够的。"乐学教室"的创建,有鲜明的育人目标,有突出的班级文化养育责任,教师积极参与,才能促使"乐学教室"达到影响学生的目的,承担育人的重任。

乐于参与,即乐于引导,启发学生思考,促成学生合作,指导学生实践,引发审美体验等。乐于参与,即乐于观察,观察学生动手的过程,合作时的言语行为,挖掘教育的着力点。"乐学教室"的创建,不停留在完成任务层面,也不停留在美化教室环境层面,而是努力促进环境和学生的交互作用,激发学生更多向善、向上、向美的生命能量。

### 2. 集体乐于投入

教室布置中集体的角色如何定位呢?仅仅是看客和欣赏者吗?创设出的教室环境有深远的影响力,得益于教师对学生主人翁态度的培养,创设班级环境人人有责,管理班级环境人人有智。只有众多力量都参与,才能培育集体的"乐学精神",形成班级凝聚力和班级文化。

### 3. 学生乐于学习

教室布置是形成一批批学生简单模仿的"模式化",还是激发学生勇于超越和颠覆?作为"乐学教室"的班主任我选择后者。

学生乐于学习，首先，从有才能的学生身上学习模仿，掌握一定的布置教室的技能。其次，教师要重点培养学生乐于求异、乐于求新的思维。"教室布置有什么问题？""为了改进优化，我们还能怎么做？"教师要相信学生的潜能，学生需要教师的信任和激发。

　　学生设计了一种标题，先用铅笔写出来，再用马克笔细端来勾汉字，最后用橡皮把铅笔字擦掉，形成一种阴影的效果。据学生说，是从网上学的。学生视野宽广，随时随地都在吸收有趣有价值的信息。"学以致用"，学生把所见所闻用在教室布置中，就是一种"乐学精神"的培养。

　　总之，整个"乐学教室"创设凝聚了班集体的智慧和心力。何为美？我们班级的学生没有定论，不知道这样的布置读者们是否会觉得零乱？丰富是一种美，简洁整齐也是一种美。以后我们班级会进行多样化的探索，争取更大的提升空间。

## （五）其他乐学元素博览

表9　科学元素博览

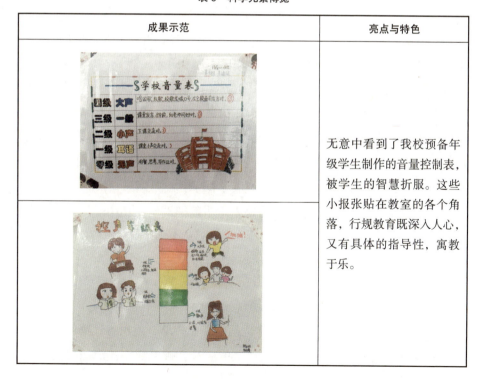

| 成果示范 | 亮点与特色 |
| --- | --- |
|  | 无意中看到了我校预备年级学生制作的音量控制表，被学生的智慧折服。这些小报张贴在教室的各个角落，行规教育既深入人心，又有具体的指导性，寓教于乐。 |

## 【乐学教室里的故事】

### 静悄悄地变化

"刘老师,我们班级壁报评比是全校第一名。"宣传部部长,带着甜蜜的微笑,轻柔地告诉我。"乐学教室"布置中,她付出了很多,此刻她是骄傲和满足的,我也为她骄傲,为班级骄傲。

到了学期末,小柜门都完好无损,再也没有学生会无意识地用力锤击柜门了;课间学生会围着生日墙津津乐道,关注同伴的生日和喜好;有时宣传委员忘了更新生日墙内容,学生还会及时提醒;偶尔坠落的布置材料,会有学生默默地布置上去;学生通过小的细节展现精巧的创意……对于这些细微的变化,我从内心感到高兴。

班级布置开始走小清新文艺范,学生开展了一个"笑话糖果罐"的活动。在图书角旁,学生放了一个放满糖的糖果罐。全班有人如果心情不好时,都可以去拿一块糖果吃。规则是:吃一块糖果,要放一个笑话进去。有次我清点了里面的纸条,发觉很多纸条上写了"加油"两字,看来学生们对自己的学业还是很在意和紧张的,鼓励自己,也在鼓励他人。

有一天,宣传委员突然发现少了8块糖果,罐子里却没有放8个笑话。经调查,是小琦拿走的。宣传委员有些生气,跟小琦交涉,原本以为他会耍赖,没想到小琦无辜地说:"我不知道写什么笑话给大家,我会补上8块糖果的。"大家没想到的是,他真的用心买了糖果,还是网红糖果。

自从开始布置"乐学教室",班级发生了静悄悄的变化……

### 静悄悄地消失

在教室布置中有这样一个小插曲。

"哈哈哈……太搞笑了……"学生们围着照片墙,发出各种嬉笑。

我发现:被P成"头上顶着便便"的照片,被P成泪流满面状的照片,被P成魔鬼样的照片……醒目地展示在了照片墙上。同学们津津乐道，嬉笑成一团。

我思考：P图文化随着网络发展应运而生，带有互联网的娱乐精神。学生浅阅读，追求低层次笑料已是一个不争的事实。同学间私下互相P图，互相取笑，在微信上传播，成为一种潮流、风气和交流方式，也是自己引起关注的一种方式。那这些照片是否要布置上墙面呢？我们布置教室的意义是什么？教师应该如何引导呢？

中午，我轻柔地对班级学生说："我看到班级同学对布置的照片很感兴趣，大家感觉如何？"

班级同学顿时散成各种姿态，有自顾自笑的，有交头接耳的。

我继续说："这些照片里，我很喜欢我和张老师的合照，很高兴被布置在壁报里。张老师和我是很好的朋友，照片中的我们笑得很灿烂，关键是你们拍得也好看。"话音一落，班级气氛活跃，大家脸上露出笑容。

我继续称赞学生悬挂的照片："第二张是小李同学的照片，运球投篮，一个侧身，让人感觉很阳光，充满动感。第三张是我第一次见，是我们班级学生在舞蹈房练舞的照片，如果不看这张照片，我还真不知道当时大家是怎么刻苦训练的呢！"

同学们依旧笑着，班级气氛依然活跃。

"另外的几张照片，我觉得非常有意思。"我把几张被P的图片找出来，给大家看，顿时，班级同学笑声一片。观察几位照片上的当事人，有点点窘迫，宣传委员脸上也有一点点不自在。我赶紧把下面的话说出来："这几张照片有意思，我觉得非常适合私藏。如果你们愿意的话，希望你们把照片送我。等你们毕业了，我拿出来看看，会想起很多笑料。"班级学生笑着望着我。

"当然也不是不能布置在墙上，这不仅要考虑壁报的主题和这类照片的比重，还要考虑别的老师观赏后的反应，毕竟教室布置出来是要给大家看的，别人会怎么想呢？我们想给观众传递什么信息呢？最重要的是，搞笑照片上的当事人，宣传委员要征求他们的意见，看看他们是否愿意被展示出来，这也是对同学的一种尊重。"我边说边望向宣传委员。

我对着宣传委员说:"再想想,再问问,然后决定看看挂什么照片……"她似有所悟。后来,搞怪、恶搞的照片就默默消失在了照片墙上,再没有出现过。

我反思:在大众文化泛滥的今天,学生也被浸染着。如何提升学生的审美能力,丰厚学生的生命体验?如何让学生在轻浮的大众文化中,不停留在追求底层次的搞笑,寻求简单的视觉刺激上?在教室布置中,学生学着做事,学着有全局观,学着多角度思考,学着追求深刻和优美……"乐学教室"静静地、默默地影响着学生的生命世界。

【资源包】

布置过程的常见问题八问:

(1)"乐学"是一个抽象的概念,能用物质环境体现出来吗?

"乐学教室"最终布置成何种样式,是没有固定模式的。在"乐学教室"创设过程中,学生动脑、动手、动口,尝试在每个细节上传递出热爱、追求、创意等,即是"乐学"的表现。

(2)有同学不愿意参与教室布置,你会怎么做?

有同学不愿意参与是正常现象。班级动员、阐释意义、榜样引领、细致指导、小组合作、集体评价等策略实施下去,多管齐下,总会对学生产生影响力的。

(3)班级没有充满才能的宣传人员,怎么办?

教室布置不仅是追求外在的校级评比,更是一种育人的渠道。先给学生可模仿、可操作的简单形式或路径,当学生动起来后,师生互动、生生互动,相互激发,宣传人员也就渐渐被培养出来了。

(4)学生时间精力是有限的,教室布置和紧张的学习产生冲突怎么解决?

更合理的规划显得尤其重要。分解布置任务,合理分配人力,使不同宣传小组轮流投入精力,有效利用零碎时间,做好制度保障,尽量保证一月更换一次,达到教室育人的效果。

（5）教室可利用布置的区域较少，怎么创建有风格特色的教室呢？

影响教室布置成功与否的根本因素，不是可利用的区域多少，关键在于是否可以有效利用。例如，教室门锁坏了，在等待后勤老师修理之前，同学们做了友情提示的小标语，把它贴在门锁旁，这样的细节耐人寻味。创建个性教室，最重要的是在细节上的精雕细刻。

（6）每次教室布置都有大量的耗材和耗费，怎么办？

对资源要进行梳理，固化的资源是一些工具类的材料，反复利用率高，指导学生合理保管，不要丢失。尽量指导学生废物利用，手工制作，减少网上购买的消耗。网上有很多手工制作课程，可以学习实践。

（7）教室布置都离不开手抄报、读后感、照片等材料，怎么操作能体现"乐学"呢？

乐于学习，乐于追求，乐于实践，乐于创造是"乐学"的核心内涵。在"乐学"文化的引领下，前期要激发学生参与的动力，过程中要指导学生认真学习，一点点进步，多想想"还能怎么改进"，后期要展开讨论，借用制度进行评比。整个过程就是"乐学"的过程。

（8）对于"乐学教室"风格和学校硬性规定的主题，怎么调和？例如，学校要求的主题是"雷锋精神"，怎么体现"乐学风"？

主题表达和元素构思要紧紧在风格的指引下展开，我们鼓励学生在生活中塑造高尚的精神世界和践行脚踏实地的行动准则。首先，挖掘"雷锋精神"，聚焦雷锋"向善"和"向上"的精神内核。向善，即乐于奉献的精神；向上，即刻苦钻研的钉子精神。其次，呈现班集体"学雷锋"的照片剪影。第三，把同学们"学雷锋感悟"呈现出来。整个壁报力图表现"行走感"和"流动感"，是学生参与社会实践活动的过程展示，是学生生命乐于成长的记录。

# 学科风教室

学科风教室的师生们在一起

假如我是一棵草,
我也应该用茁壮的身体成长:
这被晨露所滋润着的泥土,
这永远温暖着我的温柔的太阳,
这头顶上常青着的宽厚的大树,
和那来自挫折的无情的大火……
——然后,我重新冒出头来,
连意志也是坚定的。
为什么我总是莹莹地在地上铺满嫩绿?
因为我对这天地充满期待!

——2016级莘松中学学生施彦伶(此诗作系学生仿写艾青《我爱这土地》)

**作者简介：**

吴润娇，90后新锐班主任，语文老师。曾两次荣获区级年度工作记功。闵行区莘庄镇首届"教育莘秀"。连续三年被评为优秀党员。曾在上海市静安区语文教研活动、江西省上饶七中等作"初三记叙文答题策略"专题讲座。所写德育案例获区级三等奖，所带班级获区级红旗中队。她教学基本功扎实，建班育人用心尽责。

**带班理念：**

班主任是学生的领航者、协作者、同行者。教育必须包含使人为善的意图和努力，而学科育人恰好是一种很好的实现方式。力图将真善美融入学科中，融入教学语言中，是实现德育意图的有效尝试。

"今年的开年红包会是什么?"

"抽到免作业券也太亏了吧!"

"吃货本人比较想抽到'吴老师请喝饮料'券啊!"

"我比较想要扉页有吴老师寄语的笔记本!"

"快快快,再一起押押题,看吴老师今年飞花令'飞'哪些字。"

"我今年寒假可是把唐诗三百首都背了个遍,就不信上不了龙虎榜瓜分红包!"

——在这间学科风教室中,你会听到这样的声音。

而你们也一定想不到,这间教室最开始的故事里,还并没有我这个角色。原因在于这其实是我中途接班与之结缘的班级。

如何让自己尽快地熟悉并且尽早地融入这个班集体?如何让我们双方更自然地度过这个磨合期?

这间学科风教室,会是个起点。

## 【 遇见问题 】

2017年7月,我与上一届孩子在毕业典礼后告别,当8月的风"吹"来了新一届的孩子,因工作安排需要,我并没有回到起始年级,而是中途接手了现在的班级。翻开学生学籍卡看着一张张稚嫩的面孔,我的心情是复杂的。这并不是一个原生态的班集体能够让我们互相磨合,共同打造,我更像是一个突然"闯进"了他们领地的"外来者",我们之间的互动和磨合一切都是未知。

于是在那个烈日当头的8月,我开启了接班的第一段征程:家访。这是一个最直观也最简便的尽快熟悉我的学生及其家庭环境的方式,而这个过程也令我感触良多。

### "我要看老师的照片"

小新本人因小队活动未在家中。小新慈祥和蔼的奶奶在家中接待了我。小新奶奶与我聊起了孙子的学习情况、性格特征等等。末了，小新奶奶对我说："老师，小新真的很好奇会是哪一位老师当他们的班主任，所以嘱咐我一定要让我拍张照给他看看！"我也欣然应允了她的要求。

我想：一个老师的魅力所在，其中"赏心悦目"确实也是要素之一呀。

### "我喜欢数学老师"

初见小怡，她是一个非常活泼开朗的女孩，与我交谈时也很懂礼貌。席间她的外婆谈及其实上小学时小怡的数学不大好，她一直以为她的数学上了初中之后会越来越跟不上，但是没想到，她特别喜欢数学陈老师，说陈老师的课上得特别好，为人也十分亲切，所以这一年她对数学的兴趣可谓日益高涨，希望她在理科方面能越来越好。

我想：一个老师的魅力所在，除了外在，她上的课要足够生动才能吸引学生呀。

置身于一间美好的教室是能够迅速打破这种陌生感和疏离感的方式之一。如果再能够加入我作为一位语文老师的学科元素，让他们置身于这样的学科环境中受到潜移默化的熏陶，那么是否更能让学生贴近我的课堂、我的学科呢？我们的磨合是否可以更加融洽呢？这样的想法随即在我的脑海中萌芽。

新学期伊始，按照学校的德育条线工作安排，开学前两天务必要把班级环境布置到位。在召集了班干部共同协商本次教室布置的事项后，我既感到欣慰又有些怅然若失。欣慰的是，经过一年的班集体建设，班干部体系已经基本成熟，宣传委员在接到本期黑板报的大主题和小版块的主题后，迅速分配任务，尽可能地将黑板报时间压缩到两到三天完成。且由于是绿绒板的黑板报，发动班级中家里有打印机的同学能帮助他们更高效地完成黑板报任务。但问题也随之而来：教室空间布局可利用空间少。

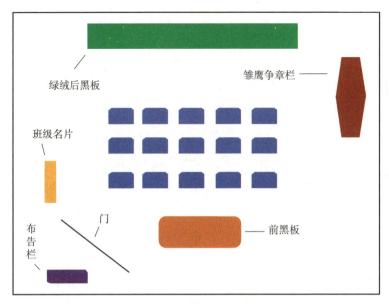

图1　学科风教室空间资源图

纵观整间教室不难发现，大体量学校班额数多，班级人数也多，导致教室空间相对较小，因此现有教室的布局可利用的空间并不是很多。

表1　学科风教室空间利用内容安排表

| 前黑板 | 日常教学使用 |
| --- | --- |
| 绿绒后黑板 | 每月一期主题黑板报，按照学校主题要求布置 |
| 雏鹰争章栏 | 结合少先队活动布置 |
| 布告栏 | 张贴校规班规、各类通知等 |
| 班级名片 | 教室门外张贴班级简介 |

## 【分析问题】

我们可以很快地完成教室布置，主要完成本期的黑板报，再把教室卫生打扫完即可。那么如何在有限的空间内呈现一间独有的"学科风"教室呢？

不是越多就越好。

虽然学校给我们的可操作空间比较小,但既然还有余留的墙面,我们就想办法把这些墙都"糊"满来发挥。市面上有那么多好看的墙贴布置,购买一些这里贴一首励志小诗,那里贴一副对联,窗户上面那一点点空间也可以留出来贴一句名人名言……但转念一想:是不是越多就越好?一进教室乍看之下充斥着文学元素,但实质呢?仅仅是充斥着文字罢了,越繁反而越杂。

【探讨方案】

基于上述问题,我们是否可以换个角度去考虑:横向的空间无法施展,需要我们去纵向挖透某个空间布置使其发挥到极致;布置是最后呈现的结果,这个结果的背后必然需要我们用心去发挥我们特有的一些班级文化,因此在班级文化中融入学科元素,也算不违背我们的初衷。

因此再次与班干部协商的过程中,我们达成了这样一个共识:在现有的每一项教室布置中,务必做细做实。在问到我们的班级布置和其他班级有什么不一样时,他们说:我们随便拿教室的一个细节就可以侃侃而谈其背后我们所独有的学科元素。

基于这样的共识,我们商定了初步班级布置执行流程(如图2):

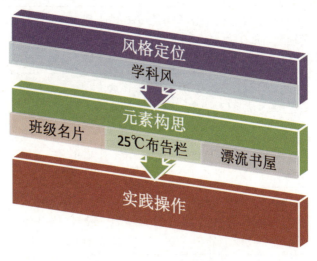

图2 学科风教室布置流程图

【具体实施】

元素一：班级名片

步骤一：班级名称征集令。

擦亮语文学科风教室的名片，自然离不开以弘扬优秀传统诗词文化为契机，每位同学都以诗词为出发点，征集班级名称，并加以阐释其丰富内涵。这样做的目的一方面体现在限定起名方向后学生的目的性更明确；另一方面也在这个过程中增加了学生的诗词储备，达到积累的目的。

以下为优秀班级名称汇总表：

表2 学科风教室中队名称候选表

| 班级名称 | 出　处 | 含　义 |
| --- | --- | --- |
| 志远中队 | 夫志当存高远，慕先贤，绝情欲，弃疑滞，使庶几之志，揭然有所存，恻然有所感。——《诸葛亮集·诫外甥书》 | 一个人应当有高尚远大的志向，仰慕先贤，戒绝情欲，抛弃阻碍前进的因素，使先贤的志向，在自己身上显著地得到存留，在自己内心深深地引起震撼。 |
| 鹰扬中队 | 牧野洋洋，檀车煌煌，驷騵彭彭。维师尚父，时维鹰扬。——《诗经·大雅·大明》 | 展翅飞的雄鹰，寓意着学生自由、自信，奋力前进，敢于拼搏，前途无限量。 |
| 鸿鹄中队 | 佣者笑而应曰："若为佣耕，何为富贵也？"陈涉太息曰："嗟乎，燕雀安知鸿鹄之志哉！"——《史记·陈涉世家》 | 每位学生能够心中有志向，积极进取，远举高飞。 |
| 骐骥中队 | 乘骐骥以驰骋兮，来吾导夫先路。——《离骚》 | 做年级中的领头羊，在前方引导开路。 |
| 扬帆中队 | 行路难！行路难！多歧路，今安在？长风破浪会有时，直挂云帆济沧海。——李白《行路难·其一》 | "长风破浪会有时，直挂云帆济沧海"，李白相信他自己的理想抱负总有实现的一天。 |

续 表

| 班级名称 | 出 处 | 含 义 |
|---|---|---|
| 扬帆中队 | 百舸争流千帆竞,借海扬帆奋者先。——毛泽东《沁园春·长沙》 | 放飞梦想,扬帆远航。 |
| 翙羽中队 | 凤凰于飞,翙翙其羽。——《诗经·大雅·卷阿》 | 学生奋勇向前,团结进取,振翅高飞。 |
| 凌云中队 | 自小刺头深草里,而今渐觉出蓬蒿。时人不识凌云木,直待凌云始道高。——杜荀鹤《小松》 | 通过自己的努力奋斗,直上云霄。 |
| 云峰中队 | 东岳云峰起,溶溶满太虚。——杜甫《对雨书怀,走邀许十一簿公》 | 出类拔萃,温文尔雅,卓尔不群。 |
| 锦帆中队 | 玉玺不缘归日角,锦帆应是到天涯。——李商隐《隋宫》 | 壮志凌云,乘风破浪,前程似锦。 |
| 晴岚中队 | 一江烟水照晴岚,两岸人家接画檐,芰荷丛一段秋光淡。——张养浩《水仙子·咏江南》 | 阳光照耀中队,焕发神采。 |

步骤二:投票。

每人一票,通过投票,得票最多的最终确定为班级名称。经37位同学投票,共有16位同学投票给"扬帆中队",最终2016级2班的班级名称确定为扬帆中队。

寓意:我们在莘松起航,承载着理想与追求,学海无涯,让37艘小帆团结奋进,驶向成功的彼岸。

步骤三:班级logo元素征集。

本logo的设计要求:遵循简洁、视觉冲击力强的原则;契合"扬帆中队"的名称;必须为原创作品;手绘或电脑设计形式皆可。

以下为候选作品:

"长风破浪会有时,直挂云帆济沧海",早在几千年前,浪漫主义诗人李白就借此诗寄托了他慷慨激昂的政治抱负;天地间没有无风无雨的四季,汪洋上只有时涨势退的海潮,唯一能做的,就是乘着那艘棕色船身、白色三角帆的帆船,在四季中风雨无阻,在海潮上搏击风浪,扬帆起航。——设计者:姜紫旭

碧天浮云象征美好的希望;浩瀚海洋氤氲永恒的秘密。但无论是阳光明媚还是怒浪滔天,这艘承载着全体师生的、简朴而结实的木舟,一定会准时起航,乘风破浪,勇往直前,一如我们的名字那般。身后盘旋着的海鸥发出平和长缓的啼啸,愿我们不负今天的汗水与泪,明日依然能够扬起崭新的白帆。——设计者:梁馨予

点燃青春,点燃梦想,扬帆中队在莘松乘风破浪,扬帆起航,展现青春的活力。这是我们的时代,这是激情飞扬的时代。青春是一片海,广阔无垠,没有尽头,等待着我们去起航,去奋斗,去发现。——设计者:冯昊宇

logo主体松树代表莘松中学,与黄色部分结合又如一艘奋进的帆船,太阳寓意朝气蓬勃,而2020既是波浪形状,也代表着2020届2班学子在2020年中考中迎着风浪奋勇向前,扬帆前行。——设计者:王心如

图3 学科风教室 logo 候选作品

步骤四:设计班级名片,张贴于教室门口。

## 元素二:25℃布告栏

在传统教室中,布告栏的功能无外乎就是张贴各类规范守则、课程表、换课通知、卫生检查表、中学生日常行规等内容。再者,用工字钉张贴满满一整块布告板,上面都是一成不变的A4白底黑字,看着总觉得没有生

气。如何让这么一块小小的版面焕发活力，融入学科元素，玩转出新的花样？布告栏一般都是起"上传下达"作用，如何对其进行颠覆是我想要努力的方向。

步骤一：布告栏命名。

科学研究发现，25℃的环境最适宜人类生活。在这个温度下，人体没有冷热感，身体内的毛细血管舒张平衡，感觉非常舒适。因此我将这块小天地命名为25℃布告栏，一方面名字响亮足够吸引人眼球，另一方面也希望借助这个小天地激发学生充分的想象力和创造力。

步骤二：版面选择。

传统布告栏颜色单一，在视觉上总令人觉得死气沉沉。我班因为教室硬件问题，进门口的位置只有一小块空间，因此布告栏被设置在了门后，每次有什么通知，如果个别同学恰好错过了老师的提醒，要让他们自己去注意到门后的纸张可能就会造成信息传达延迟。

既然空间有限，只能独辟蹊径，选择一个折中的方式呈现这块天地。最终经商讨决定，25℃布告栏以小黑板的形式竖立在班级中，黑板可以借由各色粉笔或水性颜料笔让学生自由发挥，使其富有生机。如有纸质内容也可通过吸铁石张贴内容。布告栏的位置为进门正对着的地方，走进班级的同学能够一目了然。小黑板的移动比较轻便，若在班级大型活动布置时有冲突，也可暂时放置到其他位置，比较随机自由。

步骤三：执行方确立。

传统的布告栏都是由老师上传下达，此次布告栏布置完全交由学生自由发挥。结合班级值日生工作制定当家小队，每天由值日班长负责当天的布告栏更新。值日班长可以选择以合作的形式共同参谋、执笔，或者以轮流创意的形式布置，自主权掌握在值日班长手中。这也是一份提升学生沟通、协调能力的工作。

步骤四：布告栏更新。

表3　25℃布告栏展示

| | |
|---|---|
|  |  |
| 语文学科暑假必读篇目 | 语文学科学习陆游诗歌 |
| 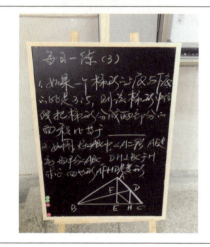 |  |
| 数学学科每日一题 | 美术学科作品展示 |

续 表

| | |
|---|---|
|  |  |
| 短课程之传统节日 | 探究课程之二十四节气 |
|  |  |
| 化学学科知识要点 | 音乐学科曲谱识记 |

续 表

| 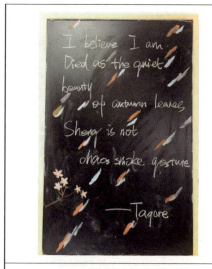 |  |
|---|---|
| 英语学科之日积月累 | 班会课之手指画 |

25℃布告栏的设置，在实践操作的过程中，有了意想不到的收获：除了体现学生的流动性和主导性外，在繁忙的学习中也起到了"用空间换时间"的巨大作用。学生升入高年段，工具学科教师占据的时间多，那么其他学科的教师如何在有限的时间里也得以占据学科的一席之地？我想这便是这块"小空间"的"大尝试"！而这对于班主任老师来说，同样是一种落实到各项学科之间协调的有效管理方式。

元素三：漂流书屋

一方面，一个好习惯的养成是需要日积月累的，升入初中，学业紧张不代表要压缩阅读时间，作为语文学科教师，鼓励学生多阅读、多积累，开阔视野，不断积淀是个长期的过程。

另一方面，自2018学年起，上海市语文学科教材统一采用部编版教材，其中小说单元更是要求我们将现有的名著阅读落到实处，而不是只知其书名、作者，对内容一概不知或者只知道个大概。我们的教材是选文式阅读，这就带来了局限性，不读全本，就无法理解主人公的历程或是整本书的艺术特点。因此，在这样的大背景下不得不要求我们必须对"整本阅读"提出更高的要求。当然，阅读本身一定不是强迫式的，阅读第一手书目，不参照任何文学批评，这样的方式有利于学生真正增长知识，积累文化底蕴。

因此，"阅读角"的布置是一个重要的文化载体，体现的是学生持续性的文化积累而非为应试目的，这样来看，如何布置且真正实施落到实处的"阅读"是重中之重。

每年开学之初，班主任联合班干部们辛辛苦苦设置了一个美观的阅读角，也动用了各方的资源来提供读书角中的书。但往往开始时学生的热情较为高涨，过了一段时间之后，再加上学业繁忙，"阅读角"便渐渐地成为真正的"摆设"。

你还在担心"阅读角"空有其名？

你还在为"阅读角"如何发挥实际功效而忧愁吗？

全新的"漂流书屋"体验让学生们愿意挤出时间来阅读！

步骤一：制订规则。

每双周的周一和周五是发放和回收漂流书的时间，每位学生都会领到一本漂流书和一本漂流笔记本，他们会利用空余时间阅读，并且以书面的形式记录阅读感受。每位学生根据自己的喜好发表对于整本书或者某个章节、某个主人公的阅读感受。时间一到即要漂流到下一位学生的手中。这样的方式让学生们有意识地珍惜漂流书在自己手中的时间，而在写下自己的阅读感受的同时也在品读他人对于同一个事件或同一个人物的看法，一举多得。更重要的是，一轮漂流书体验结束之后，每一位同学手中的漂流笔记本会由他本人保存，上面记录的都是同窗或幽默或深沉或富有哲理的笔记，何尝不是一笔宝贵的财富和美好时光的见证。快拿起你手中的书和笔，来一场"漂流之旅"！

步骤二：制定书目。

基于2019学年2020届学生将正式使用部编版语文教材，因此以九年级上语文部编教材阅读书目《艾青诗选》《水浒传》为本轮漂流书目。

步骤三：设计制作。

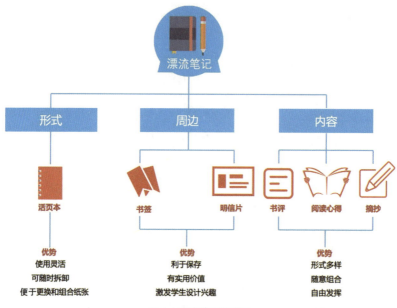

图 4　漂流笔记构成图

图 5　漂流笔记制作流程

图 6 漂流笔记封面图

表 4 漂流笔记周边的内容展示

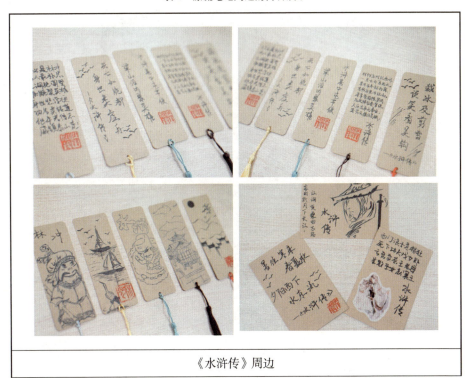

《水浒传》周边

第三章 知识学习的空间 145

《艾青诗选》周边

漂流笔记内页

【过程反思】

如果要给这间学科风教室拟一个关键词，我想是"浸润"。

从与班干部协商过程中确定教室的风格定位，到达成三个元素的共识，具体操作中从班级名称征集弘扬优秀传统文化，到 logo 设计中设计者对其设计理念进行完整的阐释，再到投票阶段为了让自己的作品富有竞争力而需要强有力的逻辑和声情并茂的表达，这些都在潜移默化中增强了我们的班级凝聚力和学科感染力。

而最让我欣喜的便是在漂流书屋的实际操作中，我看到了学生们的无限潜力及他们的审美表达。当我抛出这个概念，他们便跃跃欲试提出了很多自己的想法，从材料的选择到小组确立，他们还紧跟潮流与"手账"内容相结合，不拘泥于漂流笔记本身，开发一系列的周边，别具一格地勾勒出属于他们心中水浒人物的形象，这个时候语文学科元素真正做到了"随风潜入夜，润物细无声"。

在这个过程中，班级学生的劳动意识和审美意识都得到了提升。而我相信，学科素养的提升与班主任在平时营造的无形的学科氛围是息息相关的。

【学科风教室的故事】

### 起名的艺术

说起名字，中国人历来讲究。

还记得在教授苏轼的诗词时，我给学生重点讲了关于苏轼及其弟弟苏辙名字的寓意。

古人的字大多由名来，苏轼字子瞻，"轼"的本义为车厢前的横木，凭轼瞻望；其弟弟苏辙，"辙"为车轮碾过的痕迹，其字即为子由。他们的父亲苏洵在《名二子说》中有云："轮辐盖轸，皆有职乎车，而轼独若无所为者。虽然，去轼则吾未见其为完车也。轼乎，吾惧汝之不外饰也。天下之车，莫不由辙，而言车之功者，辙不与焉。虽然，车仆马毙，而患亦不及辙，是辙者，善处乎祸福之间也。辙乎，吾知免矣。"

意思是：车轮、车辐、车盖和车轸，也即车后的横木，都是车子的重要组成部分。而轼，只是车前用作搭手的横木，没有它，虽然卖相会难看一点，但毕竟不要紧。苏东坡从小生性旷达，其父告诫他要像"轼"那样放低身段，注意"外饰"，而不要自以为是，锋芒毕露。

天下的车莫不循辙而行，虽然论功劳，车辙是没份的，但如果车翻马毙，也怪不到辙的头上。苏洵的小儿子性格平和，他为其取名"辙"，觉得这样很好，可以免祸。明智的父母，总希望子女首先要学会生存，然后再寻求发展。

回想起那节课后，学生对于《饮湖上初晴后雨》这首诗的讨论平平，倒是对古人的名、字、号有了浓厚的兴趣。他们发现更多古人名和字的渊源，如韩愈字退之，是说他生病烧退了当然就愈合了。还说起欧阳修晚年自号"六一居士"，其曰："吾家藏书一万卷，集录三代以来金石遗文一千卷，有琴一张，有棋一局，而常置酒一壶。"客曰："是为五一尔，奈何？"居士曰："以吾一翁，老于此五物之间，是岂不为六一乎？"此号包含着他晚年淡泊名利、闲适淡然的个人志趣……

这个过程中，他们关注到了古人字词号的讲究，加深了印象，增加了此类文学常识的储备；更懂得了古往今来，名字往往寄托着父母对于孩子深深的期许。再反观自己的名字，其中的渊源和学问是不是远远超过了这几个字本身？

在我们为自己的中队起名字时，背后的故事也远远超过了这几个字本身。

当我将中队名字征集令发布之后，学生们集思广益，征集到了许多队名。原先我设想的班级名称的征集可能会五花八门，甚至过于零乱，但是基于"传统诗词"的范围限制，让学生有迹可循，并激发他们去查询、翻阅了更多优秀的诗词曲,这本身就是促使他们去接触优秀传统文化的有效方式;原先可能仅仅是为了应付背诵所需,而今要深入地挖掘这首诗的创作背景甚至需要咬文嚼字去品味诗歌语言的内涵……在此基础上,学生们从中挖掘出了很多既好听又有丰富内涵的队名,这出乎我的意料。不管最后有没有被"征用",每一个候选队名都是学生们用心学习的见证,我也会将他们的智慧成果用心地保存起来。在这个过程中,有的同学甚至向我反映,《诗经》中的句子真美,要去好好读一读《诗经》;有的同学说,平时大李杜的诗歌耳熟能详,这次也对小李杜的诗歌有所了解了;还有的同学跟我说家里弟弟妹妹起名字就是参考了《诗经》;还有的向我说起他们家里是有族谱的,每一代每个孩子的起名都有讲究。

而在最后的投票过程中,我的设想是可能会出现几个候选队名间"难较高下"的局面,但结果再一次出乎我的意料:"扬帆中队"以较大的优势胜出,我也迫不及待地随机询问了几位同学选这个名字的原因。同学们表示,在备选的几个班级名称中,有的有生僻字会造成别人不容易记住甚至叫不出班级的名称;有的名称虽然寓意很好但是叫起来有点拗口;有的名称其他班级已经用了,而我们要彰显自己的个性特征。还有的同学表示,"扬帆中队"的名称叫来最大气恢宏,而且对于后续我们制作班级的其他衍生物更加有标识性。

其实学生的智慧和创意是无限的,我们只要给他们这样的契机,放手让他们去策划,去讨论,去碰撞,收获的可以更多!

【资源包】

1. 布置过程的常见问题九问。

(1)中队命名除了以诗词为出发点,还有哪些领域可供参考?

除了诗词外,还可以是花语类、动物类,也可以加入学科元素,如数学学科可以以数学术语为出发点等,总之切入点越小可能越容易操作。

(2)如果我也想制作一个logo,可以使用哪些工具?

除手绘版本外，可以发动有 Ps 功底的学生和家长共同设计完成 logo。另外市面上一些美图软件都可以尝试设计。

（3）班级 logo 还有哪些用处？

确定了班级 logo 之后，可以制作班旗、班徽，各种形式的班级过程性资料都可以加上班级 logo，定制班服时使用专属 logo，还可以开发许多班级周边，如抱枕、环保袋、笔记本等等。班级 logo 可谓是一举多得的重要元素。

（4）班级名片的更新周期多久适宜？

班级名片可以以一学期至一学年为更换周期，每次更新可以加入或调整不同版式和内容以彰显班级在过去一学期（一学年）的文化建设。

（5）班级名片的形式还有哪些？

传统的教室可以在门口设立专门的铭牌展示班级名片；依托智慧校园背景，智慧班牌的设置使得班级名片得以以滚动式画面呈现，因此呈现内容可以更为丰富。每月可以定期以一个主题的方式呈现班级成长历程，例如展示班级在主题活动中的照片、每个阶段的中队目标等。

（6）是否有竖立在学科风教室中的布告栏的具体信息？

搜索关键词"竖立小黑板"即可，本教室中选用的黑板的大小为 90cm*60cm。

（7）在漂流书屋的实际操作中如果学生的动手能力及绘画能力较弱怎么办？

首先我们要相信学生的潜力是无限的，其次我们可以以小组的形式进行漂流笔记的操作，在组长和其他组员的带领下，相信能达到相互促进提高的效果。另外，如果手绘能力弱一些的也可以用一些装饰性贴纸装饰页面。

（8）漂流书屋的书目选择如何确定？

书目的选择可以是多种多样的，除了课程体系中要求阅读的，也可以用问卷的形式咨询学生们感兴趣阅读的书目，以此提高阅读的积极性。

（9）漂流书屋的成果还有其他的呈现方式吗？

当然还有多种多样的呈现形式，除了以漂流笔记便于学生珍藏外，还可以用于黑板报布置、开辟墙面一角来展示漂流笔记成果，甚至今年教师节学生以礼物的形式把漂流笔记送给了老师珍藏。

2.扫码可得：中队命名一览表、学科风教室中队候选命名一览表、Ps设计"扬帆中队"logo简易教程可供参考。

# 第四章
# 节日传承的空间

# 节日风教室

上海市闵行区君莲学校的同学们

我们可以欺瞒别人
却无法欺瞒自己
当我们走向枝繁叶茂的五月
青春就不再是一个谜
向上的路
总是坎坷又崎岖
要永远保持最初的浪漫
真是不容易
有人悲哀
有人欣喜
当我们跨越了一座高山
也就跨越了一个真实的自己

——汪国真

**作者简介：**

王飞，闵行区君莲学校英语教师、班主任，闵行区骨干后备。曾荣获区级年度工作记功，两次荣获"闵行区优秀班主任"。教学工作突出，班主任基本功扎实，深受家长和学生喜爱。善于理论联系实际进行教育科研，从教十几年来，多篇德育论文、案例获奖。

**带班理念：**

尊重每一个个体的不同，探求学生成长的需求。用真心赢得学生的真情，用努力带动学生的努力！

美食节的盛宴让大家大开眼界，
不曾想，
你们变身大厨后，
会带来这么多奇迹。
体育节中的拼搏诠释着更高、更快、更远，
加油时的呐喊把大家的心紧紧相连。
忘不了的还有那次英语节，
你们叽叽喳喳、摩拳擦掌，
告诉自己，
重要的不是那张大红奖状，
遇见更好的自己又何尝不是一种精彩。

图1　君莲学校节日风教室的孩子们在布置教室

【遇见问题】

卫生间里的对话

"我看我们还是放弃吧,三班的女生这么厉害!"

"就这样吧,我们肯定赢不了的!"

"好吧,我们就这样自暴自弃吧。"

在一次学校举办的体育节中,我们班和兄弟班级三班有一场篮球对抗赛。比赛开始前,我发现班级几名参赛的女队员迟迟没有出现,我赶紧去教室寻找,却没有发现她们的踪影。刚来到卫生间门口,就听到她们几个如上的对话。

我们班级的学生在行规等各个方面的表现非常不错,但就是这样缺乏自信,很多事情不敢去尝试,害怕失败。我快速走过卫生间,假装自己没有听到她们的对话,心中却百感交集。比赛开始了,果不其然,三班的女生非常凶猛,球技也不错。相比之下,我们班的女生则显得拘谨了很多,她们看起来很紧张,接连几次传球失误,似乎一上场她们就被震慑住了。班级的拉拉队却仍不离不弃地为她们加油鼓劲,几名男生还自发地充当场外指导,给她们提供战略上的支持。或许是同学们的鼓励感染了场上的队员,在对方几次投球失利后,她们慢慢找到了感觉,队员间的配合也越来越默契。伴随着她们第一个成功的投球,全场沸腾,局面也开始逆转,最终比分定格为6∶1。当结束的哨声吹响时,场上的女生激动地跳起来,拥抱在一起。她们跑到我身边,开始叽叽喳喳:

"没想到我们居然赢了!"

"我们真的赢了三班!"

"听说三班的女生很厉害的呀!"

这次比赛过后,居然有几名同学跑过来问我决赛的时间,看来这次"意外"的胜利还是带给他们一些触动。决赛很快到来,这次她们早早来到比赛场地。班级同学也更加卖力地给予精神上的支援。这一次她们以7∶2战胜了对手，获得了八年级女子组第一名。

在第二天的随笔中，很多同学都写了这次体育节，尤其是这场篮球赛。语文老师忍不住过来跟我分享学生的作文，字里行间流露着真情实感。有的学生写到胜利后的激动，有的学生写到作为拉拉队的尽职尽责，还有的学生写到了集体的力量……不仅如此，比赛后的很多天，大家的话题还是围绕着这次比赛。看来这次同学们真的是走心了。大家在这次体育节中的表现也让我开始思索：当代学生具有时代赋予他们不同的个性品质，学校教育应该采取什么样的形式才能触及他们的心灵，使他们在各方面能力得到锻炼的同时，培养自信，激发对集体的认同感？

【分析问题】

看到学生在体育节中的点滴成长，我开始思索：初中阶段的孩子们理想中的校园生活应是什么样的？除了上课、作业，校园生活中到底还有哪些事情能够激发他们的兴趣，给他们留下难忘的回忆？

很多同学告诉我，平时周一到周五的课程表虽然安排得满满当当，本应休息的周末却比这几天还要忙碌。周末要上各种补习班，他们虽然理解父母的用心，有时却难免会感到力不从心。每天都在重复着相同的事情，让他们觉得生活枯燥、乏味……

那么体育节又带给了孩子们什么呢？

有学生说，体育节就像是给自己忙碌的身体和灵魂一次放飞自我的机会；

有学生说，体育节让他知道凡事都要去尝试和努力，说不定就成功了呢，这就是体育精神吧；

有学生说，体育节增进了他和同学们的感情，一起忙前忙后为班级加油助威时，大家的心靠得更近了；

有学生说，体育节缓解了他和父母的小矛盾，青春叛逆期的他们顶撞父母，拒绝和父母谈学习，而这次体育节让他们又有了可以聊的话题。

……

虽然每个学生在这次体育节中收获的感悟不同,但有一点可以确定,体育节带给大家的是积极的正向影响。那么除了体育节,还有哪些学生喜欢参与的节日?通过什么样的形式能延续节日所带来的影响呢?

## 【探讨方案】

我们学校是上海市传统文化特色学校,每个学期学校都会针对不同年段开展不同的传统文化教育活动,目的是使学生在接受传统美德教育的过程中做到知之、行之、乐之。每学期初,学工部都会下发给班主任这个学期的工作规划,其中涉及很多传统文化教育,比如传统节日庆祝活动的开展。这些传统文化教育提高了学生的道德认知水平,培养了学生的道德行为习惯。如果能够结合学校的部署,在进行传统文化教育的同时,引入类似体育节的校园节日,就会使学生的综合能力获得更快的提升。

那么除了体育节之外,还有哪些校园节日受到同学们的喜爱?为此,我在班级中进行了"民意调查",大家给我提供了很多建议,比如甜品节、美食节、英语节、狂欢节、班主任节、同伴节、读书节、男生节、女生节等等。

我在对常见的节日按照时间和所属类别作归类的基础上,和全班共同开展了以下校园节日(表1),并且确定了每个月的班级节日(表2)。

表1 校园节日

| 时间分布 | 节日名称 | 节日活动进行中 | 节日活动意义 |
| --- | --- | --- | --- |
| 2月份 | 喜迎新学期 | | "佩奇"新装备,喜迎新学期。 |

续 表

| 时间分布 | 节日名称 | 节日活动进行中 | 节日活动意义 |
| --- | --- | --- | --- |
| 3月份 | 1. 魅力三月活动；<br>2. 梅兰竹菊文创节；<br>3. 读书节；<br>4. 初三百日誓师。 | | 文创节，通过学生的探究及动手制作意在培养学生自主与创新精神、研究与实践能力、合作与发展意识。 |
| 4月份 | 1. 戏剧节；<br>2. 英语节；<br>3. 体育节。 | | 课本剧是君莲学校的特色课程，戏剧节让君莲的学生个性得以飞扬，潜能得以发挥。 |
| 5月份 | 1. 少代会；<br>2. "莲文化"节；<br>3. 十四岁生日。 | | "莲文化"节是学校"君子课程"体系中的一部分，通过识莲、品莲、绘莲等多种形式让学生感悟学校文化精神。 |
| 6月份 | 1. 十岁生日；<br>2. 拓展课游园；<br>3. 毕业典礼。 | | 拓展课游园活动激发学生的学习兴趣，挖掘学生潜能，给学生更多的精彩体验。 |

续 表

| 时间分布 | 节日名称 | 节日活动进行中 | 节日活动意义 |
| --- | --- | --- | --- |
| 9月份 | 1. 教师节；<br>2. 传统文化大赛。 | | 传统文化大赛代表了学子们对中华文化的学习和传承，凝聚了我们对传统文化的向往和热爱。 |
| 10月份 | 音乐节（班班有歌声、陶笛音乐节） | | 小小陶笛开启君莲学子的艺术之梦。 |
| 11月份 | 1. "食得安心"健康幸福知识大比拼；<br>2. 校园艺术节。 | | 健康与幸福知识大比拼培养了学生的核心素养，让学生在真实的生活情境中学习生活技能。 |
| 12月份 | 1. 魅力古诗词吟诵节；<br>2. 智慧小达人学科节。 | | 吟诵古诗词，以"国风"为主题，以歌为引，以诗为核，表达了对中国古典文化的热爱。 |

表2  班级节日

| 时间分布 | 节日名称 |
| --- | --- |
| 2月份 | 甜品节 |
| 3月份 | 美食节 |
| 3月份 | 读书节 |
| 4月份 | 英语节 |
| 9月份 | 班主任节 |
| 10月份 | 同伴节 |
| 11月份 | 狂欢节 |
| 12月份 | 男生节、女生节 |

第一个问题解决后，紧接着是第二个问题。节日活动带来的影响是短暂的，用什么形式可以对活动进行拓展，延续节日带来的效果与影响？体育节过后，贴在教室里的奖状给我提供了灵感。同学们会经常围在这些奖状前，回忆体育节中班级同学的壮举。如果能够借助教室的每一个墙面，将节日活动的过程呈现出来，那么身在其中的学生会时刻处于节日的氛围之下，持久地感受活动带给他们的快乐与收获。

【具体实施】

一、确定版块构成与实施步骤

第一步：确定节日名称。

利用班会课，请学生对前期收集到的节日进行投票，得票最多的三个节日将在本学期开展相关活动。

每个学生在投票前需要阐明原因，并提出初步设想。经投票，在众多的节日中，美食节、英语节、读书节得票最多。

第二步：商讨节日活动方案。

出具学校比较成功的节日活动方案，利用班会课，发动学生共同制订班级节日方案。

分小组按照节日活动启动、过程、评价几个环节进行讨论。学生讨论时带着以下问题：

（1）每个环节可以开展哪些活动？

（2）以何种形式将活动内容呈现在教室布置中？

第三步：确定教室布置的版块内容。

召开班级委员会议，让班委们从征集的方案中整理出操作性强、学生喜欢的节日风教室布置方案，并最终确定每个版块的内容和开展形式。

第四步：分组分任务。

根据五大布置版块，把班级成员分成五组；每个版块推选出一位总负责同学，然后根据各版块涉及的内容、工作量，以及学生的能力及特长，将学生们分成五组。

第五步：材料准备。

指导各版块的总负责人带领本组负责同学召开第一次小组会议，明确责任，确定布置教室版块的时间与所需要准备的材料，并报给版块总负责人，布置材料由班级统一购买（如表3）。

表3 打造节日风教室的流程表

| 步骤 | 主要内容 | 实施时间（建议） | 实施办法 |
| --- | --- | --- | --- |
| 第一步 | 确定节日名称 | 一节课 | 教师利用班会课宣传，投票决定。 |
| 第二步 | 商讨节日活动方案 | 半天 | 在教师的帮助下，全体同学共同商讨节日活动方案。 |
| 第三步 | 确定教室布置的版块内容 | 一天 | 确定每个活动开展的形式以及每个版块的内容。 |
| 第四步 | 分工到人 | 分组后马上进行 | 分组进行小组会议，把布置任务分配到人，准备布置材料，由版块负责人进行布置区域划分。 |

## 二、版块布置实施办法

### （一）教室空间布局

具体如下所示。

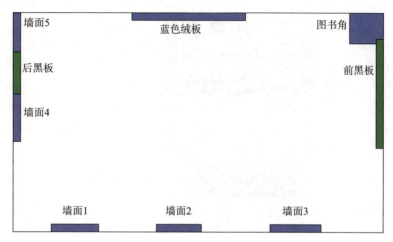

图 2　教师空间示意图

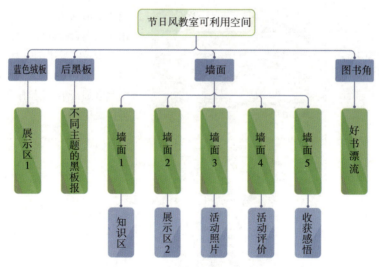

图 3　节日风教室布置可利用空间

## （二）节日风教室布置效果图

表4　节日风教室效果图

| 版块位置 | 效果图 | 说明 |
| --- | --- | --- |
| 蓝色绒板<br>（作品展示区1） | | 蓝色绒板主要用于节日活动开展初期，展示对活动主题的介绍。本次展板展示的是读书节活动。 |
| 后黑板<br>（黑板报） | | 根据不同的节日活动，设计不同主题的黑板报。本次黑板报创作于美食节活动期间。 |
| 墙面1<br>（知识区） | | 英语节活动期间，在教室中贴出英语名言、谚语，使同学们了解中英文谚语的差异，还可以从中了解中外文化的差异。学生掌握得牢，同时兼顾了解外国文化。 |
| 墙面2<br>（作品展示区2） | | 读书节活动中，同学们的书签作品展示。各色书签体现了不同个体的个性特点。 |

续 表

| 版块位置 | 效果图 | 说 明 |
|---|---|---|
| 墙面3（活动照片） | | 快门瞬间记录同学们参加各类活动的身影，这也是同学们初中生活片段的回忆。这些照片拍摄于本学期美食节、英语节及读书节活动期间。 |
| 墙面4（活动评价） | | 争星台起到的作用是对学生参与各类节日活动的情况进行记录和评价。 |
| 墙面5（收获感悟） | | 金榜题名版块是在节日活动开展的后期，对表现优异的同学进行表扬鼓励，以起到激励作用。 |
| 图书角（好书漂流） | | 英语节活动中的图书角布置。在图书角放置英语报刊、简单的外国小说等，方便学生随时阅读。图书角的书可以是从学校图书馆借来的书，也可以是学生从家里带来的书。图书角的书要定期更换，这样才能保持学生的阅读兴趣。 |

第四章 节日传承的空间

### （三）素材资源

根据节日风教室布置的五个区域，可以将素材按照准备期、过程中和活动后的顺序进行收集。

#### 1. 活动准备期

在此阶段进行的教室布置，主要目的是营造节日活动氛围。以英语节布置为例，可以进行知识区以及励志区所需的素材收集，比如英语生词卡片制作、英语谚语张贴、英语图书角布置等。

#### 2. 活动过程中

节日活动过程中，需要及时展示、分享学生在活动中的精彩表现。主要素材包含学生的一些作品及参与节日活动的精彩瞬间，诸如英语作文展示、英语小报制作、国外风情介绍等。把这些素材按照类别，分组分任务请学生进行收集整理。

#### 3. 节日活动后

节日活动过后，教室布置的素材围绕的是学生在活动中的各种收获、感悟，比如学生的获奖情况、活动感悟等。

## 三、节日风元素表现步骤

以下以英语节知识区生词卡片制作为例进行详细说明。

在英语学习中，可以把每个单元的重点单词及词组制成各种小卡片，贴在教室内。这样不仅能够让学生随时预习或复习这些单词，也能起到很好的装饰作用。生词卡片的内容要围绕教学进度，一个单元更换一次。另外，学生在英语课外阅读中也会遇到很多生词，即使当时通过查字典等方式理解了单词的意思，如果不去使用或者记忆这些单词，很快也会忘记。因此可以鼓励学生把这些单词也做成小卡片，让他们不经意就能看见，这样就能帮助他们在潜移默化中熟记这些词汇及用法。

表5 节日风元素制作步骤

| 制作流程 | 效果图 | 步骤解析 |
|---|---|---|
| 1. 工具准备 | | 小卡片可以制成各种形状，请班级学生自己设计。所需材料很简单：勾线笔、白纸、彩笔等。 |
| 2. 设计环节 | | 学生在制作生词卡片。 |
| 3. 模板展示 | | 学生制作的生词卡片模板。 |
| 4. 模板打印 | | 打印生词卡片模板，生词卡片上可以加入单词、解释、例句等内容，这样的设计一目了然，方便记忆单词。 |

续 表

| 制作流程 | 效果图 | 步骤解析 |
|---|---|---|
| 5.装饰卡片 | | 学生对生词卡片进行进一步的装饰、涂色和设计。如果需要长时间保留的单词,可以进行过塑处理。 |
| 6.效果图 | | 最后,把生词卡片贴在教室的展板上,使学生们在学习英语的同时,也为教室营造浓浓的英语节日气氛。 |

## 四、过程反思

教育家苏霍姆林斯基说:"无论是种植花草树木,还是悬挂图片标语,或是利用墙报,我们都将从审美的高度深入规划,以便挖掘其潜移默化的育人功能,并最终连学校的墙壁也在说话。"可到底应该是谁在墙壁上说话?答案是学生。这也意味着,在教室布置中,要尽量以学生为主,并慢慢过渡到由学生主要负责。在此过程中,教师要抛开功利思想和教师权威的观念,适时给学生提供好的建议。

教室氛围应该以学生为基础,尊重学生文化。只有学生占据了主导地位,教室的文化才会生动起来。让自由、平等的价值观从教室开始,逐步深入学生的思想和心灵。比如,在教室布置中,为了最后呈现的效果,我们很多时候往往只是张贴好的作品,那么对于中下等作品的作者来说,便失去了展示的机会。如果不计较作品的好坏,让每个学生都获得展示的机会,学生就会真正成为教室的主人。

【温馨小故事】

没想到，真没想到……

每学期布置教室时为了效率和质量，我都会把任务直接交给班级几位得力助手，而他们也从来不会让我失望，每次都交上令人满意的答卷。在他们的精心打造下，教室温馨而又漂亮。但没过多久，就会接到这些学生的投诉，教室黑板前总有一群爱打闹的学生，他们玩闹时一点也不顾及刚完成的黑板报，结果导致黑板报上的文字被磨掉了不少。不仅如此，我还注意到，贴在作品栏的作品和荣誉墙上的奖状即使歪掉得要脱落了，也没人主动过去处理一下。问题出在哪里呢？精心布置的教室环境怎么就得不到大家的维护？望着墙上同学们的作品和奖状，我陷入了沉思……

我发现无论是哪一类别的作品似乎都出自同一部分学生之手，墙上的奖状亦是如此，我似乎找到了问题的答案。对于班级大部分学生来说，教室的作品栏中看不到他们的作品，自己也没有参与布置教室，所以即使教室布置得再怎么温馨，也感觉和自己的关系不大，归属感不强。那么如果大家都能参与其中，从中体会到劳动的快乐和由此带来的成就感，情况会不会有所改观呢？

又一次教室布置开始了，这次我们是围绕英语节主题进行教室布置。有了原来的教训，我不再把任务只分配给一部分学生，而是邀请全班学生一起参与。没想到事情才刚开始就遇到了麻烦，我的麻烦来自小刘同学。

小刘同学是班级的"活跃分子"。他是班级的劳动委员，对教室卫生工作一丝不苟；他上课积极回答问题，但几乎每次答错的也是他；他主动参加班级活动，但遇到困难就立马放弃的也是他。他做事情永远都是三分钟热度，这让老师对他又爱又恨。

这次教室布置前，我和同学们共同商讨、设计了知识区、展示区、互动体验区等五个版块。全班同学也自由组合成五个小组，认领了五个版块的布置任务。分配任务时，我才注意到负责英文作文展示的小组里，小刘居然也在其中。组里其他人的英语都还不错，而小刘，英文写作？无论如何我也无法将这两者联系到一起。他一定又是一时兴起，或是想和组里其他几个同学玩在一起。我开始担心，他可能会耽误布置的进度，想把他调到其他任务简单的组去。但看着他和组里其他人认真讨论的样子，我又改变了主意，还是给他一次机会吧。尽管心里很不情愿，担心他随时都有可能会退出，我还是选择静观其变，万一有奇迹出现呢。

我的担心真是不无道理，任务布置后的第二天，小刘就在办公室门口探出了小脑袋……我知道他肯定会来这一套，肯定又是不愿意干了！果不其然，他笑嘻嘻地说："王老师，我的英语水平您最清楚，让我写出英语作文简直就是奇迹，所以我就不参加了，您看可以吗？"由于事先就料到他会这样，我心里倒是很平静。我知道他很想把事情做好，但又缺乏足够的耐心和信心，这次教室布置或许是一个让他找到自信的契机。我微笑着对他说："我觉得你能做到！你们组的同学也可以帮助你，再说还有老师呢。或许真的会有奇迹出现呢。"说完，就看到小刘眼睛里闪烁着不可思议的眼神，他肯定怀疑自己听错了。他没再坚持要退出，只是开始仔细地问我有关作文写作的具体要求。我接着给他单独布置了任务，他听得很认真，但我心里却没底，我知道对于他来说这真的很困难。

第二天一早我就看到小刘等在办公室门口，手里拿着本新本子。我心里想着，看来昨天的鼓励没有白费。我怀着期待的心情打开了英语本，天哪，这是什么"东西"？看得出，小刘真的很用心了，他从来没写过这么工整的字迹。可是仔细看时，就会发现不仅语法错误频频，就连好多单词的拼写都是错误的。看着他期待我表扬的眼神，我的心凉了一半，到底奇迹是很难发生的。但我仍肯定了他的努力和态度，他愿意用心去做这件事就是最大的进步了。我开始耐心地给他讲解作文中的错误，于是课间休息时间，他都准时来办公室报到，直至讲评完全结束。第一步纠错基本完成，但距离能够展示还差很多步，我跟他约定，接下来有空继续过来找我。德国教育家第斯多惠这样说过：教育就是激励、唤醒和鼓舞。这就要求我们无论在什么情况下都要对自己的学生充分信任和热切的期待。希望我传递给小刘的信任与期待在他这里能够奏效。

接下来的一天,小刘没有等在办公室门口。我想可能他在忙其他事情吧,也许一会儿就会来了。走进教室,我开始寻找他的身影,却看到他躲闪的眼神和慌张的表情。我心里一沉,怎么回事?第一节下课、第二节下课他都没有来。我明白他的老毛病又犯了。我忍不住有些生气。他们组其他同学的作文都已经修改完成,等待展示了,但是他却只完成了第一步纠错。真是"朽木不可雕也",奇迹是不可能出现了。

眼看着其他同学的作品都贴到了展示栏,我一边后悔当初让小刘留在这个小组,一边对他感到深深的失望。放学后,我正准备收拾东西回家时,又看到他在办公室门口探出了小脑袋。

"王老师,您看一下我的作文,这几天我请同学修改了一下,我也在报纸上找了一些好词好句,您再帮我修改一下吧。"小刘一进来,就迫不及待地把他的作品给我看。一瞬间,我的心里涌进一股暖流,奇迹真的出现了。他的作文果然有很多改动的地方,比原先进步了很多。原来他没有忘记这件事,看来对于小刘我也需要有足够的耐心。看着他兴奋的表情,联想到这些天他为了这篇作文所做的努力,我突然很愧疚。

虽然小刘的作文无论从内容、语言还是组织结构来说都比其他作品差了一些,但是我觉得还是应该给他充分的鼓励。在同学们质疑的目光中,我把他的作文张贴到班级作品栏中,还和大家分享了整件事情的经过。之后,班级里立刻爆发出热烈的掌声,小刘则在同学们的掌声中兴奋得满脸通红。我悄悄跟他说,只要努力,奇迹肯定会出现的哦!

这次的英语节教室布置不仅给了小刘本人,也给了那些平时表现平平的同学一次激励。在这之后,我经常会不经意间看到小刘停留在作品栏前,我们的作品栏多了一位"保护神"!

【资源包】

扫码可得：

1. 全球性节日一览表。

2. 中国政治性节日一览表。

3. 布置过程的常见问题。

（1）除了常见的教室内部布置，教室门和外部墙面也有布置的必要吗？

教室的门和外部墙面是外界进入教室，进而了解班级的一个通道。因此班主任可以充分利用好这两个平台，展示自己的班风班纪。教室外部墙面上除了常规的班级口号和照片，也可以做一个小展板，内容是班级的一周总结，主要表扬同学的优秀事迹，也可以张贴老师的寄语等。

（2）教室布置中遇到油漆容易脱落的墙面怎么办？

在教室布置中，我们应该有保护学校硬件设施的意识，尤其是一些刷漆的墙面，由于反复多次粘贴，可能会造成油漆大面积脱落。我们在粘贴的时候可以采用保护墙面油漆的材料，比如把常见的双面胶、玻璃胶之类的换成蓝丁胶或者波士胶等，以此减少对墙面的损害。

（3）由于教室空间有限，学校规定的布置内容和班级布置设想发生冲突怎么办？

可以把学校布置内容和班级特色相结合。以队角为例，可以在班级队角中布置一些能够彰显班级特色的内容，这样既完成了学校的布置任务，也体现了班级特色。

## 中国风教室

中国风教室的孩子们

把灯点到石头里去
让他们看看
海的姿态
让他们看看
古代的鱼
也应该让他们看看光亮
一盏高举在山上的灯

——陈东东《点灯》（出自《当代传世诗歌三百首》，时代文艺出版社2017年，第1页）

**作者简介：**

王建民，上海市嘉定区疁城实验学校中学部数学教师，区十佳班主任。所带班级多次荣获区红旗中队。工作以来，他将"重理轻管"的带班风格进行到底，从一名"杀手老王"成功转型为学生的"阳光合伙人"。他认为"当下"是最好的教育资源，充分利用好和学生互相温暖的每一个瞬间。

**带班理念：**

工作中，践行"以人为本，重理轻管，自主自治"的建班理念，把"培养具有良好行为习惯和幸福生活能力的学生"作为建班目标。努力做学生最信赖的人生导师和成长伙伴，让班级成为师生的"成长共同体"。

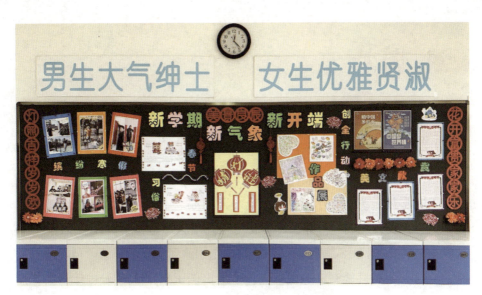

图1　中国风教室的新学期布置

对联的红，中秋的圆，

谷雨的青翠，夏至的暖，

风吹起，年轮转，

教室之内文化传。

文化因节日而凝练，

教室因生命而美丽。

如何让传统文化之风吹入教室，

如何让教室洋溢着充沛的中国气息，

让我们一起走进中国风教室的打造之旅吧。

## 【遇见问题】

### 屈原是男是女？

说实话，我一直都认为屈原是男的，至今也丝毫没有怀疑过他的性别。问题是，在端午节的班会课上，七（1）班孩子们的表现却让我不知所措……

"说到端午节，我们就不得不说一下屈原。下面，由我来介绍一下屈原……"我没有想到，卢啸天一本正经地开场，却是整个班级骚乱的开始。他说，"首先，屈原不是男的……"，这马上引来了同学的异议。但没想到的是，卢啸天竟然振振有词地说下去，还举出例子来："大家看过《离骚》没有，其中有采花装饰自己的内容，'集芙蓉以为裳''纫秋兰以为佩'……都是弄些花花草草装饰到自己身上，男人会这么做吗？……"

随着他振振有词地发言，我忽然觉得哪里不对劲了，看着同学们从哄堂大笑到将信将疑的表情，我竟然不知道如何回应了——我连卢啸天说的诗歌是什么意思都不知道，怎么回应呢？我估计学生也是这样，在一种不明就里的氛围里，各种情绪在流淌：新鲜、不安、怀疑，但又不知所措。伴随着学生的一声起哄："牛——！"卢啸天结束了他的演讲。

"你们觉得卢啸天讲得怎么样啊？"

"牛——"

"挺有意思的！"

"和我们以前了解的不一样，不知道真假，不过很新鲜！"

"我觉得不大好，恶搞屈原总是不好，但不知道怎么反驳……"

这下我才知道为何会有刚才的感觉，原来我也和他们一样，对于不一样的说法，有期待，又有惶恐；想探讨，但是苦于没有真正的研究，所以想说也说不出。

我没有想到一个耳熟能详的中国节日，竟然还有这样一种说法；更无法接受自己原来和绝大部分学生一样，对于中国传统节日背后的文化并不了解；甚至，我还发现，在那一瞬间，我无法利用端午节的文化对学生进行价值观的导向……想到这里，我的后背一阵寒颤，我觉得心头一紧，一边强作镇定地推进班会，一边满脑子盘旋着一个问题：我该用什么方法来改变这种现状呢？

## 【分析问题】

通过调查和反思，我对这种现象有了一些发现：

其一，我自己不是语文老师，同时自身所接受的传统文化教育也并不完整，确实缺乏对于中国节日的深刻认识，对于节日的由来和背后的文化习俗也了解得太少。因此，面对同学能够有理有据的具体论述，我感到应对乏力，甚至连学生说的我听都没有听懂。

其二，不仅我是这样，学生对中国节日的了解，其实也都不深入。不仅知识面有限，而且和自己兴趣、生活的联系也不够深刻。因此，当他们听到新鲜的解读时，会觉得感兴趣，很厉害。

其三，孩子们和我一样，其实都是有好奇心的，都很愿意了解更多的知识，接受更多的信息，希望在自己的认知边际有所突破。只可惜，对于中国传统节日，我们很少有"现存知识信息被刷新"的感觉，所以才会被偶尔的一次意外"震撼"了。

## 【探讨方案】

那么，如何利用教室布置将中国传统文化植根于孩子们的心中呢？

我环顾已经布置好的教室，不由联想：我们的教室布置，并没有回答这个问题。我发现在我们的教室布置中所缺少的东西，就是师生对于中国节日背后知识的真正探索。我决定在教室里推起一股"中国风"，让师生通过教室布置真正地感受到中国节日的魅力！

## 一、从实物摆放向知识呈现转型

教室的墙壁、板报是绝佳的布置位置。但问题是，我们以前通常只在端午节时放几片艾草、黑板上写几个端午节主题字样，似乎就满足了。我们并没有呈现有关于端午节背后的知识，对屈原的生平、诗歌及端午的习俗等相关内容缺乏探索。

因此，我们教室的布置需要转型：从仅仅呈现节日要素本身，到呈现更深度的节日文化。

## 二、从信息接受向观点表达转型

布置，就是给人看的，这似乎是我们共有的一种心理认识。然而，这次班会课给我的启示是：孩子们对节日有自己的看法。如何让每个人的想法能够通过班级布置呈现出来呢？那就是，让静态的布置呈现出互动的效果，让每个人表达出对节日的认识。

## 三、从被动过节向主动操办转型

其实和教室布置的过程一样，孩子们过中国节日，也是被"要求"的。很难想象，如果学校不要求布置教室，孩子们会主动花时间来布置吗？如果学校不要求过中国节日，孩子们会愿意有仪式感地过中国节日吗？

在教室布置过程中，学生如果从被安排的"小帮手"变为真正有权力的"总导演"，教师如果从被安排的"实施者"变为真正会引导的"操盘手"，教室将呈现出更加具有中国特色的氛围，我们对中国节日的理解会更加深刻，当再次遇到屈原是男是女的问题时，我会更加从容！

说干就干！以下是中国风教室布置的操作流程：

要想让布置的内容能够满足以上三个目标，以下环节缺一不可。

第一，将常见的中国传统节日及中国特色节日进行分类汇总。

第二，结合学校活动和教室结构，确定布置主题。

第三，分配挖掘材料的任务，尽可能多地收集相关社会资源、家庭资源、学校资源和学生资源，进行筛选、择优选取。

第四，实施布置。一是根据筛选的材料对布置空间进行整体布局，设计主题的字体大小以及确认材料张贴的位置；二是进行互动内容的设计。

第五，当硬环境布置完毕，则开展一次相应的主题班队会，将硬件布置软化于心，并记录下收获点滴，收集整个活动后的个人体会，分别呈现在"风采展示"和"我写我心"版块。

## 【具体实施】

### 一、资源分类

第一步：收集中国传统节日目录。

可以用问卷调查的形式，让学生收集自己知道的中国传统节日。问卷内容如下：

亲爱的同学：

你喜欢过节吗？你希望我们的教室里洋溢着节日的喜庆感吗？现在，机会来了。我们诚挚地邀请你参与"中国风"教室布置计划，但在此之前，我们希望了解你对中国传统节日的认识及你对"中国风"教室布置的期望和要求。因此，请你认真完成以下调查问卷。

| 中国传统节日调查问卷 |
| --- |
| 1. 请罗列出你知道的中国传统节日。 |
| 2. 在你罗列出的这些节日中，你最喜欢过哪个节日？为什么？ |
| 3. 写一写你最了解的节日，包括它的时间、由来、习俗、活动。（可查找相关资料） |
| 4. 你希望我们的教室布置融入哪个节日的元素？如果让你进行布置，你将如何设计布局？ |

第二步：梳理中国传统节日及中国特色节日（如表1）。

表1　中国传统节日及特色节日梳理表

| 传统节日名称 | 节日时间 | 特色节日名称 | 节日时间 |
| --- | --- | --- | --- |
| 春节 | 正月初一 | 五四青年节 | 公历5月4日 |
| 元宵节 | 正月十五 | 建党节 | 公历7月1日 |
| 龙抬头 | 二月初二 | 建军节 | 公历8月1日 |
| 清明节 | 公历4月5日前后 | 中国教师节 | 公历9月10日 |
| 端午节 | 五月初五 | 国庆节 | 公历10月1日 |
| 中秋节 | 八月十五 | | |
| 七夕 | 七月初七 | | |
| 重阳节 | 九月初九 | | |

二、主题确定

　　了解学校在各种节日中举行的主题活动，也可以在班级中举行班本化的节日活动，自行设计主题（如表2）。

表2　中国传统节日及特色节日相关活动

| 时间 | 节日名称 | 活动主题 |
|---|---|---|
| 传统节日 | 春节、元宵节 | 辞旧迎新，团团圆圆 |
| | 清明节 | 缅怀永恒，放飞希望 |
| | 端午节 | 少年之声，诗说中华 |
| | 中秋节 | 月圆中秋，阖家团圆 |
| | 重阳节 | 敬老爱老，登高祈福 |
| 特色节日 | 五四青年节 | 春华秋实，清缦飞扬 |
| | 中国教师节 | 浓浓师意，款款师情 |
| | 国庆节 | 爱我中华，传承美德 |

## 三、素材收集与筛选

### （一）收集节日故事

收集的可以是有关节日由来的故事，也可以是学生自己的故事。可以去图书馆检索关键词"中国节日"，或是上网查询某个节日名称（图2）。

图2　学生在收集资料

## （二）探讨布置方案

召开主题班会，师生共同讨论中国风教室的布置方案，找到可以提供给教室布置的元素，包括节日标语、节日相关背景、节日相关知识的延伸阅读，并对学生提供的材料进行筛选，择优录取。

班会环节举例：

（1）提问破冰。目的是让参与的同学感受到中国节日的乐趣。比如，农历有哪些节日？民俗文化有哪些节日？……你发现了什么？为什么会这样？通过这样的提问，引导学生意识到，原来还有很多自己不知道的节日趣味。

（2）故事激趣。目的是让参与的同学意识到传统文化真有内涵。比如，在端午节读屈原的诗歌，看相关视频，看不同人写的屈原的传记，了解历史，以古鉴今。

图3　中国风教室的孩子们在讨论素材

## 四、具体布置实施办法

### （一）教室空间资源的使用规划

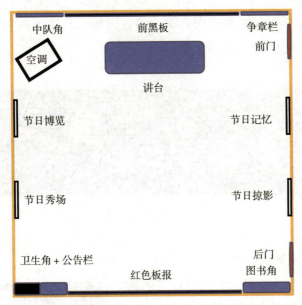

图4　中国风教室空间利用图

表3　中国风教室固定版块空间内容安排表

| 区　域 | 布置内容 |
|---|---|
| 红色板报 | 展示中国风节日的活动内容 |
| 节日博览 | 展现中国风节日相应主题的文字素材、图片资料 |
| 节日记忆 | 展现中国风节日特色装饰 |
| 节日秀场 | 展示中国风节日手绘小报及收获体会 |
| 节日掠影 | 展示中国风节日活动的精彩瞬间照片 |

## （二）中国风教室各区域效果图及说明

### 1. 红色板报区域

红色板报重点在于展示中国节日中所蕴含的"红色"精神，例如国庆节、五四青年节等。以下图例（图5）展示的是以"庆祝新中国成立70周年"为主题的板报，主题鲜明、图片颜色鲜艳，凸显出具有中国特色的"红"，如国旗、党旗、红灯笼、红心、天安门等。

图5　红色板报效果图

### 2. 节日博览区域

节日博览版块主要以介绍节日文化及习俗为主，可以是与该节日有关的故事，例如中秋节中嫦娥奔月的故事；也可以是与该节日有关的活动，例如端午节中赛龙舟；也可以是有关该节日的习俗的由来，例如为什么要在春节给孩子压岁钱。布置此版块时学生可以自行收集各类信息素材，按照自己喜欢的形式进行布置。

### 3. 节日记忆区域

在教室中可以专门开辟一个区域展示节日的特色装饰，让教室中充满节日的氛围。装饰物可以自己手工制作，也可以网上购买，布置效果如下表：

图6　节日博览效果图

表4 节日特色装饰

| ①主题：春俗 |
| --- |
|   |
| 　　在墙上或门上贴上富有年味的对联、中国结或红包，对联可以由学生自己书写，也可以从外购买。 |
| ②主题：闹元宵 |
|  |
| 　　在教室里挂上灯笼和灯谜，举行猜灯谜活动，让学生体验并传承元宵节里闹花灯、猜灯谜的节日习俗。 |

### 4. 节日秀场区域

　　此版块用来展示学生对节日的认识以及参与活动过程中的成长与收获。学生可以秀一秀自己绘制的节日小报，也秀一秀自己撰写的活动感悟（如图7、图8）。

图 7　学生创作的节日小报

图 8　节日秀场布置效果图

## 5. 节日掠影区域

此版块主要展示学生参与节庆活动的照片,可以将收集到的照片打印出来,剪下后进行张贴(如图 9)。

①收集

②裁剪　　　　　　　　③张贴

图9　学生节庆活动照片

## （三）具体实施过程（以节日秀场区域为例）

表5　具体实施过程

| 说　明 | 图　示 |
|---|---|
| 制作标题：<br>1. 准备A4彩色打印纸、网购彩色打底装饰、双面胶、剪刀等。<br>2. 选择相应字体、颜色。<br>3. 调整字号大小，与打底装饰素材进行大小比对，微调至合适比例。<br>4. 双面胶将标题文字与打底素材粘合。<br>5. 并粘贴于区域内适当位置。 | |
| 制作小报：<br>1. 准备一张8K的纸、铅笔、橡皮、马克笔、彩铅笔等用具。 |  |

续 表

| 说　明 | 图　示 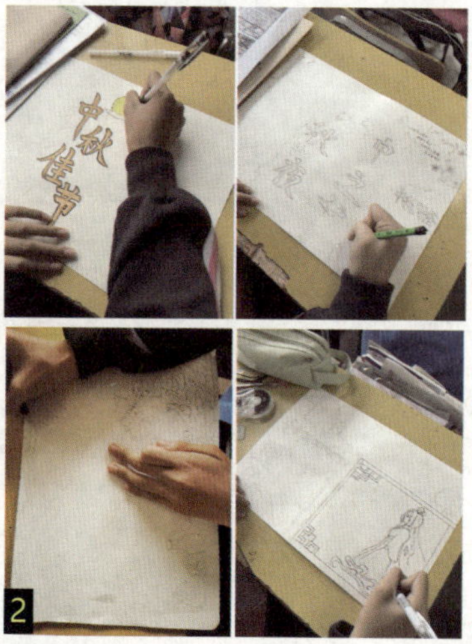 |
|---|---|
| 2.确定手抄报的主题，设计版面，写好大标题。<br>3.根据设计的版块，逐块绘画，写好小标题。<br>4.誊写文字材料，着色，完成小报。 |  |

第四章　节日传承的空间

续 表

| 说 明 | 图 示 |
|---|---|
| | 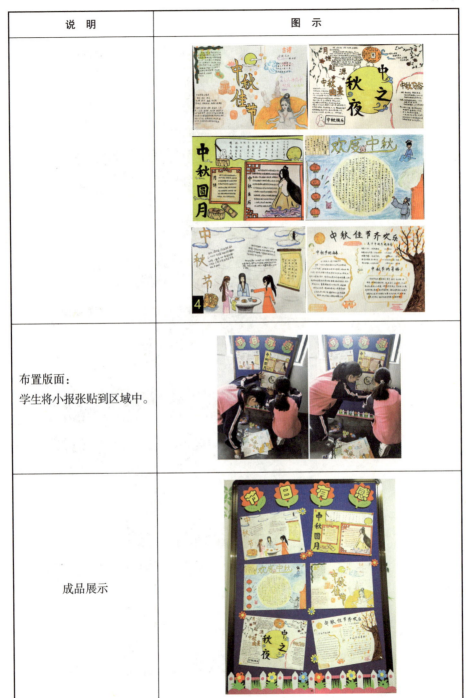 |
| 布置版面：学生将小报张贴到区域中。 | |
| 成品展示 | |

## 五、过程反思

"互动"是中国风教室的重要元素之一，包括学生和活动的互动，也包括学生与节日背后文化的互动。要形成互动，最难的是引发学生互动的兴趣。这需要做以下两方面的工作：

第一，设计者要对知识有足够深刻的理解。这就要求教师和主要负责同学在采集资料的同时做足功课，在了解节日知识的同时，进行提问的设计、选项的设计。

第二，设计者要学会洞察他人的心理需求。一般情况下，人都喜欢好玩的、轻松的、新奇的、与自己有关系的东西。因此，要尽量让布置的内容色彩亮眼、轻松搞定、贴近学生实际。

此外，班主任要参与布置的过程，和学生一起学习、一起设计、一起成长。中国风教室的建设对我而言，最大的成就感不是教室布置有多漂亮，而是在整个过程中，孩子们感受到了我作为班主任的担当。我和大家一样无知，一样狼狈，但是我可以接受自己的无知，并且勇敢地做下去，这一点是最让我引以为傲的。

## 六、其他中国风教室博览

**表6　中国风教室博览**

| 类别一：中国书法 |
| --- |
| 图片来源：上海市嘉定区疁城实验学校 |

续　表

类别二：中国绘画

图片来源：上海市嘉定区疁城实验学校

类别三：我的民俗情

续表

图片来源：上海市闵行区君莲学校

类别四：我的爱国情

图片来源：浙江省诸暨荣怀国际学校

## 【中国风教室的故事】

### 坦诚,让勇敢更有温度

做班主任真的很有意思!看似婆婆妈妈,点点滴滴,不成章法,但事情过去之后,一旦回望,总会有意外的发现:当初那些看似毫无关联的点滴之间,竟然有了一条线索,别是一番动人的景象。每每有这样的发现,我都会兴奋不已,似乎得到了一份神秘的礼物。整个中国风教室创建的过程中,有很多动人的故事,热心大姐金凌婕、文武双全李昕雨、正能量大使周何韵……每个孩子都是如此个性鲜明,而小严的故事是最让我意外、最让我难过又最让我喜悦不已的!

刚组建班级的时候,小严给我的印象就是:平时不大爱讲话,即便偶尔在路上和他相遇,他也只和我对视一下,嘴唇嗫嚅几下,赶紧低着头从我身边走过。这让我觉得,是不是他对我有意见,还是我特别凶?

他不爱说话,不过也不惹事。在各种调皮捣蛋的事件中,几乎看不到他的身影,这倒让我心安。不过,有时候想来惶恐:我好像真的和这孩子没什么对话,还不如和那些小调皮们玩得好。但是,意外总是在我习以为常的时候出现。

那是新学年开始之后的一个周五。放学后,等我参加完行政会议回到办公室的时候,我竟然看见门口一个熟悉的身影:低着头,看着脚尖,脑袋不时侧过来一下,躲闪在刘海之后的目光,迅速瞄了一眼侧面,又开始去盯脚尖。这不就是小严吗?难道他要主动找我聊天?我有点兴奋,也有点紧张:不到万不得已的大事,他是不会这么做的!

我请他进来,请他坐下,请他吃颗班级活宝张嘉瑞过生日送给我们的巧克力,我想等着他说话。果然,在浓郁的巧克力香味中,他抿着嘴,开口了:"老师……有件事儿,不知道该不该跟您讲……"

我笑了起来,咽了一口已经融化的巧克力汁,说:"你既然都来找我了,说明你肯定经过思想斗争,其实已经决定和我说了吧。没关系的,你也知道我的，比较大大咧咧，什么都可以聊。你看张嘉瑞虽然调皮，但我们关系不也挺好吗？他还送我糖吃。"

"那……，老师……"他的头忽然微微一抬，瞬间又垂了下去，一口气冒出了好多字，"那如果你发现家里的钱少了，你会怀疑自己的孩子吗？"

我一听，心口狂跳：果然有蹊跷！

我就反问了一句："如果你是我的孩子，那么你会去拿吗？"

"这次肯定不是我拿的！"一个声音突然响了起来，把我吓一跳。

"这次？"

他也意识到自己说错话了，就跟我说了事情经过，断断续续中，我开始知道了他的一些过去：原来小学时，他为了买喜欢的玩具，在妈妈口袋里偷偷"借"过一次钱，因此还被狠狠地惩罚了。虽然这件事已经过去很久了，但是最近妈妈又发现自己的钱不见时，马上怀疑是小严做的。妈妈很生气，甚至说出了要断绝母子关系这样决绝的话。

"可是，这次真的不是我拿的。"小严委屈地说。

我也很意外，为什么小严这个平时内敛的男孩子，会来主动跟我讲这些不光彩的事儿？于是，我就很严肃地问他："你确定不是你拿的？"

他马上说："王老师，我真没拿！"

看着他委屈的眼神，我有点心软，但还是对他说："我选择相信你，但是你得先回答我一个问题，可以吗？"

他点点头。我问道："你平时都不爱说话，我想和你说话都很难，为什么今天敢到老师这里来说呢？而且还是并不光彩、容易引起误解的事情。"

他犹豫了："其实我也不知道怎么办……"

"嗯，你的意思是，不知道怎么办？"

"嗯，所以只能来找老师……我找不到其他人。"

这让我好奇起来："这么多老师和同学，为什么是我呢？"

"唔……你和其他老师不一样，你就算做错事情也不会怪别人。"

这句话让我心头一动，还真别说，我就是这种性格。不过这话从他嘴里说出来，还是让我大吃一惊，对他刮目相看，忍不住好奇地问："你怎么知道的呢？"

"上学期，我知道老师其实也不知道屈原是男是女，和我一样，但您承认了，您比我勇敢。我们还一起学习了其他节日，我觉得这样很好，我也希望自己能够勇敢点。我觉得您和其他老师不一样，是能接受我犯错的。"

说实话，我真没想到当初的一次窘态，会给学生留下一个正面的印象。这让我百感交集：所谓教育，就是要把自己做到最好。

"谢谢你看见老师的努力！我相信你，也愿意和你一起面对这件事情！"我激动起来。

他看着我有些惊讶。"但是，话得说回来，之前妈妈对你的信任是你自己打破的，所以这次我和你一起承受委屈，我们和妈妈好好沟通，把这份信任重新找回来。以后你要珍惜这份信任！"

他点了点头。

后来了解到，小严妈妈的钱实际是家里修热水器花掉了，但是不巧，当时正好是夜班回来，妈妈一觉醒来把这件事情忘了。这几天单位工作也不顺心，妈妈情绪不好，以为又是小严拿了钱，就习惯性地批评了他，话说重了。小严妈妈表示，确实错怪小严了，向小严道歉。

事情就这样顺利地解决了。现在的小严依旧保持着低调，但是我们自己多了一份默契，一份信任，课堂上也多了一双炯炯的眼睛，走在路上偶尔相遇虽然他不会大声打招呼，但那种眼神的对视，让我们彼此心领神会。

回想起来，不论小严有没有拿妈妈的钱，我当时都会选择相信他，因为从他主动向我走来的一瞬间，我已经成为了他心中那个最值得信任的暖男。努力做最真实的自己，做最优秀的自己，可以让勇敢更有温度。

【资源包】

布置过程的常见问题四问。

（1）找不到关于节日的其他知识怎么办？

建议到图书馆检索相关信息，或关注其他老师的四季课程，如袁珂、朱大可等专家的信息。

（2）学生对中国节日不感兴趣怎么办？

教师本人先得研究并对其产生兴趣，再把这种热情传递给学生，带着学生一起做。

（3）如果活动后学生不愿意分享自己的感悟或成果怎么办？

降低操作的难度。比如用打钩、随手贴、移动位置等方式来代替用大段语言表述。

（4）与某个中国节日有关系的装饰就只有几件，怎么办？

可以增加对装饰的解读，包括它的作用、象征了什么，以及它的背后又有怎样的故事。

第五章
# 与时俱进的空间

# 环保风教室

上海市进才中学北校环保风教室的学生们

日暮时分鸟儿卸下行囊
在枝头安然入眠
水声潺潺
给这静谧的世界更增添了一份安然
藤蔓缠绕了一圈又一圈
年轮演绎着历史的痕迹
季节更迭变换
回首眺望
时光已逝
她容颜依然

——上海市进才中学北校 2016 级 12 班 王文静

**作者简介：**

孙微，上海市进才中学北校数学教师、班主任，浦东新区数学骨干教师。踏实勤恳、善于钻研，不断提升自我，攻读华东师范大学在职教育硕士。参加市、区各类培训，多篇课题、论文发表和获奖。曾被评为上海市优秀班主任、上海市"金爱心"教师、浦东新区十佳少先队辅导员。所带中队曾被评为全国动感中队、上海市"金爱心"集体、浦东新区红旗中队。

**带班理念：**

关注学生身心发展特点，做学生的成长伙伴；注重家班共育，做家长的教育伙伴。凝心聚爱，和家长、学生一起做爱心公益的传递者。

一粒粒种子在这里埋下,
一棵棵幼苗在这里生长,
一朵朵小花在这里绽放。

从此,心胸更加宽广!
从此,生活更加多彩!
从此,地球更加美丽!

图1 环保风教室的学生们在布置教室

在这里,
每一个学生胸怀环保心,
每一个学生乐做环保事,
每一个学生共奏环保曲。
让我们一起走进环保风教室,
倾听发生在这里的故事……

【遇见问题】

环保,我们能做什么?

开学初,班级里开展了一次暑期活动交流,同学们纷纷介绍了自己假期里旅游去的城市和国家。有的同学去了青海,有的同学去了新疆,有的同学去了美国……同学们纷纷分享当地美丽的风景照,讲述当地的风土人情,大家都听得兴高采烈。

小静去了日本,她用相机记录了她所看到的景象:一家普通的小酒馆的桌子擦得干净发亮,一个小城市的公共厕所整洁有序,一个普通家庭的垃圾分类成十几种方便回收利用。每一张照片都能看出日本对于环境的重视,感受到环保已经成为日本人的文化自觉,深深根植在他们心中并流淌到他们的血液中。

听了她的分享,原本热闹的教室瞬间安静下来,同学们都被深深地触动,我也陷入了沉思,脑海中浮现了校园中的几个场景:

中午,食堂的师傅挑着重重的饭筐,把盒饭送到各个班级门口,每次都是汗流浃背。午饭后,师傅又把饭筐从楼上挑下去,再一次浑身湿透。学生处曾作过一次统计,分别对每个班级饭前和饭后饭筐的重量进行称重,对比数据让大家大吃一惊,有的班级饭的筐重量竟然前后基本一致,可见午餐浪费多么严重。

学校的垃圾房在教学楼后面,物业经常反映垃圾房顶有成袋的垃圾,清理多次又反复出现。原来,总有一些顽皮的孩子喜欢把垃圾袋直接往上扔,扔到垃圾房顶,并以此为乐趣。如果垃圾不被及时发现,会腐烂,给学校环境带来极大的破坏。

班级中总有一些同学随手乱扔垃圾,把自己周围弄得一片狼藉。还有一些同学把垃圾桶当作篮球筐,每一次扔垃圾就像投篮,投不进也不管,以至于垃圾桶附近总有餐巾纸和许多垃圾。过往的同学熟视无睹,没有人愿意将它们拾起。

这些场景与小静所描述的日本的景象相差甚远。

我在班级里多次强调这些问题,希望同学们引起足够的重视,改掉这些习惯,可是总感觉隔靴搔痒,收效甚微。我该如何改变这一现状呢?

# 【分析问题】

我开始寻找现象背后的原因和解决策略。我和班干部编制了一份环保调查问卷,对班级学生进行调查,并通过观察和访谈,结合问题调查的数据,基本找到了答案(如图2、图3)。

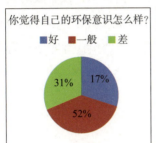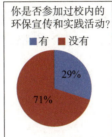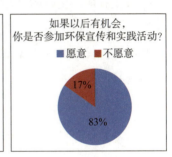

图2　班级问卷调查统计图表

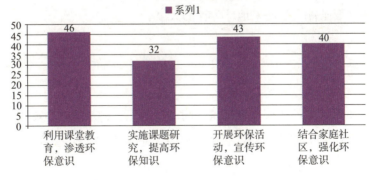

图3　班级问卷调查统计图表

## 一、社会责任心不强

现在的学生大都是独生子女,在家里父母各方面都对其照顾得很周到,弄脏弄乱了,总有人收拾。父母的包办,导致学生责任心不强。所以,他们认为在学校里脏了乱了,也有人帮忙收拾,这不是自己的责任,不需要自己动手。

## 二、环保氛围不够

班级没有形成良好的舆论氛围。一些同学有了不良行为,没有及时被发现和制止,是非观念淡薄的学生就会跟风。本来有环保意识的学生,怕遭到他人的嘲笑,只能选择熟视无睹。于是,乱扔垃圾、浪费粮食等等不良行为也就变得习以为常。

## 三、环保意识淡薄

师生没有认识到环保的重要性,没有把环保提升到相应的高度。以为这只是微不足道的小事,却不知道这其实是国民素质的一种体现,是国家可持续发展的必要条件,是关乎地球生存的大事。

## 【探讨方案】

我开始思考如何改变这种现状。简单说教无法触及学生心灵,一己之力太过单薄。我应该充分调动家长的积极性,形成家班合力,通过一些措施,培养学生的责任心和社会责任感。

于是,我和家长共同确定了整改方案:老师和家长一起带着孩子,以教室为圆心,以社区为半径,开展校内外环保实践和活动。渗透环保意识,营造环保氛围,在活动中学习环保知识,形成环保习惯,在活动中不断成长。方案包括:

## 一、加大环保宣传力度，渗透绿色环保意识

利用班会普及环保知识，通过环保作品的制作深入理解环保的意义，挖掘家长资源讲解垃圾分类实施办法。

## 二、精心布置教室环境，营造班级环保氛围

教室是学生每天学习和生活的场所，每一次活动的启动、每一次活动的精彩瞬间、每一次活动的感受都要在教室里展现，充分营造班级环保氛围。

## 三、落实校内环保活动，形成环保文化自觉

在班级中发出"环保从我做起"的倡议书，成立班级绿色委员会，分设节水员、节电员、午餐管理员、垃圾分类管理员，通过他律到自律，最终形成环保文化自觉。

## 四、开展校外实践活动，争做环保践行者

通过对社区环保问题的思考和解决，培养观察问题和分析问题的能力，培养公民意识和探究意识。通过开展宣传活动和志愿者服务活动，发挥引领作用，小手牵大手，争做环保践行者。

为了保证过程的推进，我、学生和家长共同商定了一个方案的执行流程：

第一，根据时代特征、学生实际情况确定活动主题，明确活动目的。

第二，围绕确立的主题开展调查，发现存在的问题。

第三，对社会资源、教师资源、家长资源和学生资源进行挖掘、筛选。

第四，以解决问题为核心确定活动内容，拟定活动方案。

第五，根据活动方案开展活动。

## 【具体实施】

### 一、确定版块构成与实施办法

图4  具体实施流程图

第一步：征集。

利用班会课，师生达成对环保系列活动的统一认识；班干部讨论校内活动方案以及教室布置初步方案，家委会利用微信群讨论校外活动初步方案；利用班会全班共同完善活动方案，并确定具体负责每项任务的同学和家长。

第二步：宣传。

挖掘家长资源，利用班会时间宣传环保的意义和垃圾分类实施办法；布置黑板报，激发学生环保的责任感和使命感；制作环保书签，倡导绿色环保。

第三步：学习。

利用班会、队会时间开展环保知识讲座，学习后制作垃圾分类小报；评选优秀小报，布置绿绒板；印制优秀小报，以备后续活动使用（图5）。

图5 环保小报

第四步：实践。

班级中落实垃圾分类制度；走进社会大课堂，围绕垃圾分类进行实地考察和问卷调查，开展社区问题探究活动和宣传活动，争做环保践行者；印制活动照片，布置照片墙。

第五步：感悟。

利用班会时间交流活动体会，并把体会展示在班级绿绒板上，供大家学习。撰写社区问题研究报告，提高分析问题和解决问题的能力。

## 二、班级布置的实施办法

### （一）教室空间资源的利用

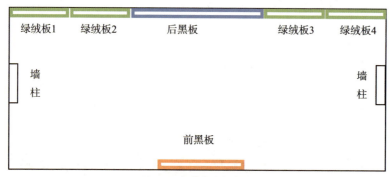

图6　环保教室空间布局

围绕活动开展的4个步骤，选择4个教室局部空间，在活动的不同阶段呈现不同的作品，营造教室的环保氛围，打造成长型环保教室。宣传阶段，利用后黑板绘制醒目的宣传板报。学习阶段，制作垃圾分类宣传小报深化对垃圾分类的理解，挑选优秀小报张贴供大家学习。实践阶段，在班中实行垃圾分类，在社区进行垃圾分类宣传，将活动中的精彩瞬间定格在墙面上。感悟阶段，撰写感受、交流感受，以手绘小报和社区问题探究报告的形式呈现，供大家互相学习。

图7　活动不同阶段使用的教室资源

## （二）布置所需材料与学生素材资源

表1　布置所需材料与学生素材资源

|  | 后黑板 | 绿绒板1+绿绒板2 | 绿绒板3 | 绿绒板4 |
|---|---|---|---|---|
| 粉笔 | √ | | | |
| 水粉 | | √ | √ | √ |
| 卡纸 | | √ | √ | √ |
| 树叶装饰 | | √ | | √ |
| 图钉 | | √ | √ | |
| 树干 | | | | √ |
| 麻绳 | | | | √ |
| 夹子 | | | | √ |
| 照片 | | | | √ |
| 宣传小报 | | √ | | |
| 感受小报 | | | √ | |

## 三、环保教室各元素表现步骤

### （一）黑板报设计

**1. 效果图**

图8　后黑板效果图

第五章　与时俱进的空间

这期黑板报绘制于活动宣传阶段（如图8），主要目的是唤醒学生的环保意识，从而争做绿色环保践行者。宣传组商定，采用醒目大字的方式凸显版面的张力和震撼力，以绿色为主色，配以蓝天绿水、参天大树和环保标志来增加版面的美感和丰富版面的质感。

2. 流程解析

表2　黑板报流程分步解析

| 第一步：在纸上绘制草稿。<br /> | 第二步：在黑板上确认每个字和图案的大致位置。<br /> |
|---|---|
| 第三步：书写大字，绘制图案和装饰。<br /> | 第四步：擦除多余的线稿。<br /> |
| 第五步：根据主题确认主色调，选用相似的颜色给大字上色，选用对应的颜色给装饰上色，并根据需要适当添加阴影和高光渲染，加强画面效果。<br /> | 第六步：观察整体效果，调整并增加细节。<br /> |

## （二）绿绒板设计

绿绒板可用于展示活动中的优秀作品。作品的形式力求多样化，可以是平面的，如电子小报和手绘小报、自制书签或贺卡；也可以是立体的，如学生的手工折纸作品、环保作品等。

### 1. 绿绒板设计筛选

全班征集绿绒板设计方案，在设计样稿中学生都很用心，有的学生将小报布置得整齐划一，显得中规中矩，这样的形式比较适合严肃的话题，如诚信、法制。有的同学将小报摆成爱心形状，显得温馨有爱，这样的形式比较适合母亲节和学雷锋活动。有的同学在小报后面放置彩色卡纸，装点一些小装饰和花边，这样的形式比较有立体感，应用范围广泛。

从同学们的设计小样中选择适合主题的排版（如图9）。

图9　绿绒板设计小样

### 2. 流程解析——大标题的制作步骤

绿绒板首先要有一个醒目的标题，标题可以在广告公司制作，可以电脑彩打，也可以用油画棒手绘或者在彩色纸上用毛笔书写（尽量不要用白色的纸写）。下面详细介绍如何用水粉涂色制作大标题（见表3）。

表3　绿绒板大标题制作分步解析

| 材料准备：卡纸、铅笔、橡皮、记号笔、水粉、调色盘、毛笔、剪刀。 |
|---|
|  |

续表

| | |
|---|---|
| 第一步：将纸张折成大小合适且相等的方框，用铅笔在方框中写出大字。<br /> | |
| 第二步：将多余的线稿擦除，用记号笔勾出大字的清晰轮廓。<br /> | |
| 第三步：根据主题确认主色调，给大字上色。<br /> | |
| 第四步：待水粉彻底干透，根据需要适当添加阴影和高光，加强画面效果。<br /> | |
| 第五步：沿着字边缘将大字剪下备用。<br /> | |

### 3. 学生素材的筛选

本期主要是让学生撰写环保系列活动的感受与收获，以手绘小报的形式呈现。学生在小报中写道：通过班级组织的一系列垃圾分类活动，感受到了随着经济的快速发展和人民生活水平的提高，垃圾的数量与日俱增，对环境造成的压力越来越大。因此，垃圾分类是相当必要的。参与环保活动，虽然累但是很快乐，因为我们为自己赖以生存的地球尽了一份绵薄之力。除了重视垃圾分类，还要在源头上减少垃圾的产生。在小报制作过程中，我从网上查了很多资料，这是对垃圾分类知识很好的学习过程。滨江大道宣传活动，不仅是对自己的胆量和表达能力的考验，更是对自己垃圾分类储备知识的测试。

从学生的感受中可以看出，通过环保系列活动的开展，他们由最初的不了解、不关心环保，到现在了解并热心参与环保活动，把自己所掌握的知识告诉身边的人。

除了学生撰写的感受，大家的手绘小报制作也很用心，版面的设计和色彩大致可以分为以下两类：

（1）基础版——彩铅涂色、简单装饰（见图10）。

图10 环保感悟小报1

（2）进阶版——色彩靓丽、装饰更有感染力（见图11）。

图11　环保感悟小报2

小报一般由报头、插图、文字三部分组成。版面制作要干净，不能有任何粘贴。版面制作用笔可以任意选择，但是马克笔颜色比彩铅颜色更绚丽。优秀的小报必须内容健康，积极向上，突出主题。栏目丰富，文章有文采，文笔流畅，字迹工整。小报的名称贴切，版面设计新颖，有创意，版面图文并茂，整体效果好。

（3）布置绿绒板（见图12）。

图12　环保风教室的学生在布置绿绒板

## （三）照片墙设计

### 1. 效果图

图13　绿绒板环保行动效果图

第五章　与时俱进的空间

环保行动照片墙的主体是一棵大树,学生想用一棵枝繁叶茂的大树寓意美好的环境,时刻提醒自己爱护地球、保护环境。

**2. 照片墙的制作步骤**

准备材料:树干、树叶、麻绳、小夹子、网上打印照片。

树干可以用铅画纸自制,也可以在网上买成品进行拼装。树叶可以网上买成品,也可以用卡纸自己剪。

表4 照片墙制作分步解析

| 第一步:把树干用图钉定位在绿绒板上。 | 第二步:把大标题定位在绿绒板上。 |
|---|---|
|  |  |
| 第三步:麻绳打结,图钉串过绳结。 | 第四步:固定麻绳,调整绳子的长短。 |
|  |  |

| | |
|---|---|
| 第五步：剪掉多余的线头。 | 第六步：挂照片，调整至合适的位置。 |
| 第七步：用图钉固定树叶，打造枝繁叶茂的大树。 | 第八步：完工。 |

不同颜色的叶子可以由深至浅或由浅到深有序排列，制造出渐变效果，突出层次感。也可以将不同颜色交错放置，制造五彩斑斓的气息。网上买来的枫叶只有白色、米色、黄色，学生觉得没有绿色就没有生命力，于是就用绿色卡纸剪了枫叶添加进去。果然，有了绿色的加入，更能彰显生机勃勃的气息！孩子们的鉴赏力和想象力果真不凡！

## 四、环保活动校园行

### (一)垃圾分类我先行

通过一段时间的学习,学生认识到"垃圾混置是垃圾,垃圾分类是资源",实行垃圾分类回收,可化害为利,变废为宝。于是,开始策划在班级推行垃圾分类。

**1. 教室里垃圾的分类**

(1)可回收垃圾:废纸、牛奶盒、果汁盒、塑料瓶、废弃的鼠标、键盘、抹布。

(2)湿垃圾:吃剩或过期的零食、果皮、花卉绿植。

(3)干垃圾:用过的餐巾纸、粉笔头、各种废旧的笔和笔芯。

(4)有害垃圾:废电池、废灯管。

教室里的有害垃圾很少,可以撤除有害垃圾桶。如果有废旧的干电池,可以放置到一个盒子里,贴上标签"废电池回收",然后集中投放到学校规定的地方。

**2. "扔垃圾三问"图**

图14 "扔垃圾三问"图

### 3. 普通垃圾桶变身分类垃圾桶

表5　普通垃圾桶变身分类垃圾桶分步解析

| 第一步：准备大小适中的普通垃圾桶。 | 第二步：手绘分类图标。 |
|---|---|
|  |  |

第三步：粘贴分类图标。

### 4. 垃圾分类大比拼

利用班会时间，在班中开展垃圾分类趣味活动，寓教于乐。

### 5. 学校垃圾分类的推行与监管

班级层面垃圾分类推行需要做好以下几项工作：由班委会向全体同学发出倡议，成立班级绿色委员会，监督实施情况，每日总结，发现问题及时改进；鼓励学生回家向父母做宣传，在家中实行"垃圾分类"，从而达到"由点向面"地推广。

学校层面可由大队部向全校同学发出倡议，学校垃圾房开放的时间段由值周员在垃圾房监督，抽查每班垃圾分类是否到位和纯净，及时向班级和学校反映情况。

## 五、环保实践社区行

每个学生都是社区中的一分子，应该在社区中发挥更大的作用。作为初中生应该具有社区问题探究的意识，把社区中的垃圾分类问题作为一个课题进行研究，既能提高学生的能力又能为社区环境的改善尽一份力。

班级可以分成四个小组：背景小组、法规小组、建议小组、行动小组。背景小组负责对附近多个小区垃圾分类情况进行实地考察。法规小组针对《上海市生活垃圾管理条例》以及其他法规资料进行查找、归纳、整合。建议小组结合实际情况和法规资料对垃圾分类问题提出建议。行动小组根据建议实施解决方案，并倡导居民做好垃圾分类。

背景小组的调查情况不容乐观，各小区出现以下情况：垃圾桶摆放在垃圾房外；垃圾桶标识不清无法做到准确分类；各种垃圾乱塞一气；甚至出现没有及时处理的垃圾随意堆积在垃圾箱旁的情况。

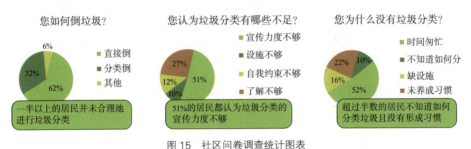

图 15　社区问卷调查统计图表

同学们针对社区居民编制了有关垃圾分类的问卷，并对周边小区进行问卷调查（图 15）。调查结果显示，一半以上的居民倒垃圾时未处理，直接倒入垃圾桶。对于为什么没有进行垃圾分类这一问题，有一半以上的居民表示不知道如何分类，约五分之一的居民没有养成垃圾分类的习惯，还有一小部分居民觉得上班时间匆忙。对于小区垃圾分类为何不足这个问题，一半以上的居民认为宣传力度不够。居委会觉得他们需要加强宣传力度，但是最关键的还是要提高居民的素质。

法规小组通过对政策的学习了解得知，上海市 2019 年 2 月颁布的《上海市生活垃圾管理条例》于 2019 年 7 月 1 日起开始实施，并出台了相应的处罚措施，也就是说垃圾分类已经刻不容缓。

基于背景小组与法规小组的调查，建议小组提出了相应的建议，并由行动小组实施。

（1）对小区居民进行宣传，号召垃圾分类全民行动（图16）。

图16　参与浦兴街道垃圾宣传活动

（2）做垃圾分类志愿者，帮助居民做好垃圾分类工作（图17）。

图17　做小区垃圾分类志愿者

（3）扩大宣传范围，在周边公园及滨江大道等人流密集地区进一步宣传（图18）。

图18　在各个场所进行垃圾分类宣传活动

以上是以垃圾分类活动为例介绍如何以班级为主阵地，以社区为半径开展实践活动。让学生在活动中成长，在活动中提升。

## 六、关于环保，大有可为

环保，不仅只有垃圾分类这个主题，校园中我们可以做的还有很多，比如书籍的再利用，节约粮食，节约用水，节约用电，可回收物品收集再利用，环保作品制作等。在做这些主题活动时，都可以参照上面垃圾分类活动的流程进行操作。

来源：进才北校
主题：向山区学校捐赠书籍

来源：进才北校
主题：可回收物品收集

来源：进才北校
主题：光盘行动倡议

来源：北大附属嘉兴实验
主题：一次性水杯环保作品

来源：北大附属嘉兴实验
主题：英语磁带盒环保作品

来源：北大附属嘉兴实验
主题：矿泉水瓶环保作品

图 19　环保活动博览

【反思提升】

　　历时一个学期的环保系列活动，学校在明确的培养目标的指导下，精心组织，有序开展。伴随着活动的逐步展开，教室布置也在慢慢丰富，力争兼具美感和质感。学生穿越活动与岁月，在教室和社区中慢慢丰盈、慢慢长大。

　　自己动手改造垃圾桶，布置教室，维护教室和社区的环境，参加校内和社区的公益劳动与志愿者服务，做普及文明风尚的小使者。在活动中逐渐培养劳动意识，提升劳动能力。学会珍惜自己和他人的劳动成果，养成为他人服务的良好行为习惯，社会责任感也进一步提升。制作小板、书签，绘制黑板报，从无从下手到能制作出美观大方、图文并茂的版面，使班级的黑板报逐步处于学校评比中名列前茅的位置。整个过程不但提升了学生的审美能力，还培养了查阅资料、整理资料的能力，充分展现出学生的合作精神和集体荣誉感，激发了创新的智慧。

　　学生形成了正确的环保观念，班级形成了良好的舆论氛围。学生不仅从身边的小事做起，还带上身边的人，一起共创美好的未来，并认识到只要每个人都出一份力，世界就会变成美丽的人间。

【环保风教室的故事】

　　环保风教室的师生与家长组织了形式多样、内容丰富的环保活动。学生学习垃圾分类和生态文明的相关知识，通过自制宣传单，走上街头发放宣传单，宣讲垃圾分类的相关知识，让居民了解垃圾分类的重要性和如何进行垃圾分类。同学们带上清洁工具，亲自动手分拣垃圾，懂得了改善环境要从自身做起，从身边的小事做起。希望这样的活动可以感染到更多人，和我们一起做社会的奉献者，做环保的践行者。孩子们也在环保活动的浸润中悄悄发生着变化。

　　以下便是环保风教室的一位家长分享的发生在自己孩子身上的小故事：

儿子班级的环保氛围极其浓厚，环保活动开展得丰富多彩。随着学校和班级环保理念的不断渗透、环保实践活动的有序开展，孩子身上也发生了微妙的变化。

4月的一天，我在客厅吃苹果，随手就把苹果核扔到了客厅的垃圾桶里。儿子说："你怎么扔这里啊？湿垃圾应该扔厨房啊！"接着又说："虽然小区现在执行不严格，但万一开始了，平时不注意，到时候就忘了怎么分类了！"我呆呆地看着这个少年，内心对他充满欣赏！

5月，"垃圾分类"活动果真如火如荼地进入小区。一个周末，我在厨房做饭，让儿子下楼扔垃圾，原本一分钟可以搞定的事，那天他大约5分钟才回来。他一进门，一边喘着气一边说："现在真是太惨了，扔个垃圾跑那么远！楼道下面那个垃圾桶被移走了，旁边的电线杆上贴着一个告示：即日起，各楼道下面的垃圾桶会撤走，所有垃圾统一扔至垃圾分类投放点。"我当时心想，真是个遵章守纪的好孩子。果然，第二天我下楼看到楼下地面上扔着好几个鼓鼓囊囊的垃圾袋，甚至有人还在那个告示上写了一行大字："谁给你们权利移走的？你们都经过谁的同意了？"

在儿子的感染下，我们家也开始了各种垃圾分类的学习，分析网上各种文章的内容，在线做测试题然后三个人评比等。一开始常常发生的情景是，老公跟我在厨房里对着某个垃圾到底属于哪个类别有争议，于是会大喊一声：儿子！快来告诉我们这个垃圾属于什么类别！于是他就乐此不疲地充当知识的传播者。

暑假一开始，他就跑去居委会申请做垃圾分类志愿者。轮到他服务的那天，6点多就起床，7点准时站在垃圾箱旁。我上班的时候，远远地看到他站在那边，很是感动。要知道，假期睡懒觉是他的最爱。但这一天，他为了自己的承诺，放弃睡懒觉，并且带着伤（前一天因为不小心摔了，脸上缝了好几针）坚持做完了这件事。

这个暑假，奶奶和外婆分别到家里小住了一段时间，他则充当了耐心的讲解员，但老人家难免会忘记，所以时不时地纠正也成了他的家常便饭，长辈们对这个孙儿的依赖也成了习惯，对孙儿的赞赏溢于言表。

很多时候我觉得，孩子是我们学习的榜样，他们的纯真、善良和责任感还有内心的心无旁骛，有时候比大人要强得多。

蒋晟翔妈妈

【资源包】

1. 扫码可得以下材料。

（1）《"进德养正，环保洋泾"春季文化健步走活动》活动方案；

（2）《少先队员社区行》主题队会教案；

（3）《环保调查问卷》社区版；

（4）《环保调查问卷》学校版；

（5）社区问题调查报告。

2. 活动过程的常见问题。

（1）如何调动学生参与公益活动的积极性？

要让学生知道这样做的意义，可以告诉他们这样做是用自己的劳动帮助更多的人，以此唤醒他们的情感和责任感。做好活动前、中、后的评价。活动前，做好准备工作；活动中，及时肯定表现优秀的学生，鼓励表现腼腆的学生，引导学生在活动中换位思考，奉献爱心；活动后，及时作出评价，给予表彰，以此鼓励他们积极投入下一次活动。

（2）如何调动家长参与家班共育活动的积极性？

要让家长知道家班共育的意义，是为了更好、更有效地陪伴孩子，也是一个榜样示范的好机会。每次活动后，收集家长在活动中对孩子"育"的方法，取其精华整理成文，分享给家长，让大家互相学习。通过相互学习，家长们学到了教育孩子的方法，同时受到了触动和感染，也让处于观望的家长慢慢地投入进来，这样参与活动的家长会越来越多。

（3）活动中涉及经费该怎么办？

活动中若有大的经费支出，需首先与家委会商量，由家委会征求全体家长的意见，赞同率超过80%方可实施。涉及的道具尽量由学生自己制作，以减少开销。有的时候也可以挖掘家长的资源，比如宣传活动中的小报就可以让家长利用自己的资源打印。

（4）活动中学生如何分组？

学生活动分组，以自愿组合为主，6～8人一组。每组推选一名同学做组长，由组长根据组员特长分配任务。如果是参加校外活动，每组至少带一部手机，预留手机号码，方便联系。

（5）班级同学如果不配合怎么办？

班级同学如果不配合环保活动，比如乱扔垃圾不分类，应该先进行思想教育，并与班级的日常评价挂钩，也可以让这些同学做绿色环保员，体验环保员的辛苦。

（6）如何制定班级布置方案的流程？

根据班级空间，初步确定各功能区位置。与班干部商讨各功能区的具体做法，撰写具体方案。选择相关的材质、咨询相应广告公司，做好相应预算，征求家长和同学的意见。本阶段尽量多发挥学生和家长的作用，切不可由班主任包揽。

## 乡土风教室

松隐中学的同学们在田园中开展活动

故乡的歌是一支清远的笛
总在有月亮的晚上响起
故乡的面貌却是一种模糊的怅惘
仿佛雾里的挥手别离

——席慕蓉《乡愁》

**作者简介：**

方超，上海市金山区骨干教师，上海市松隐中学数学教师、班主任。曾获得过"金山区优秀班主任""金山区优秀少先队辅导员"等多项荣誉称号，现入选上海市"双名工程种子计划"。他有 6 年幼儿园从教经验，也教过体育，具有丰富的教育教学经验，曾经的戏言"你的数学是体育老师教的"在他身上得以实现。教育教学能力突出，班级管理方式独特，这让他深受学生和家长的喜爱。致力躬耕于农村学校的一线教育事业，坚持理论联系实际，先后发表过多篇论文和案例，更获得过"金山区案例评比一等奖"等奖项。

**带班理念：**

做孩子前行道路上的灯塔，不让一个孩子掉队。激发出每一个孩子向前的动力，学会真善美，为将来的人生之路作好铺垫。

为了我们爱的家,
我们一起努力吧!
我想装点我们的教室……
在教室里,我觉得身心愉悦。
放假了,也会不时地想念它……
当我要去老家去上学的时候,我伤心了好久,不愿离开。
记得大家一起布置教室的时候,结伴四处寻访金山的故事,
我们之间也发生了许多说不完的故事。

图1 学生绘制的金山文化地图

一间普通的农村学校的教室,
如何变成孩子们喜欢的充满浓浓乡情的教室呢?
其中有哪些耐人寻味的故事呢?
让我们一起打开这间乡土风教室的门,听一听故事,看一看风景。

【遇见问题】

我真的不行——缺乏能力

时间飞逝，新学期在满心期待中拉开序幕，松隐中学又迎来了新一届学生。学期伊始，学校计划举办一次朗诵比赛，于是我准备在班级里抽选两位同学参加。其中一位同学是自告奋勇报名的，我听完他的朗诵之后，心中暗暗想到：音色果然不错，有潜质。可是当选好了第一位同学之后，就再也没有其他同学主动报名了。第二位同学报名遥遥无期，我只好让同学们互相推荐，最后有几位同学在他人的推荐之下愿意尝试，我便让他们尝试朗诵一小段文章，可是听完之后有些失望，觉得没有达到预期的效果。还有一些同学直接拒绝参加这个活动，导致另外一个人选迟迟无法确定。我在思考，是不是我对他们的了解还不够深入呢？也许有更多有能力的同学还没有被我挖掘出来。

在之后的日子里，我更加深入地了解这个班级的情况，发现班级里不少学生综合能力较薄弱，当询问他们有何特长时，只有极个别学生有一些才艺，多数学生毫无特长。大家都知道这也是农村学校学生的一个通病，家长有时连孩子基本的学习都不去督促，又怎么会花费大量的精力和财力去培养孩子的特长呢？

随后我一直在思索，在这个班集体中，我该用些什么办法去培养这些学生的能力呢？

我不喜欢这——缺少情感

"别人的学校都有关于机器人的课程，而我们学校为什么没有呢？""我们小学的操场都比这里的要大要新，中学操场太小太陈旧啦！"我总会在一些学生的周记中看到这样那样抱怨的话语。

我找来其中一个孩子问道："为什么你觉得我们这里不好呢？"她沉思

了一下小声回答道："有一次我想配一副眼镜，可松隐没有，只能跑去别的很远的地方配。在市区里啥东西都有，而这里许多东西都没有，一点都不方便，老师你觉得呢？"被她反问一句，我也不知道该怎么回答，就只能回了她一句："你说得有些片面了。"细细想来，其实她说的并没有错，有时候我也会觉得有些不方便。但是我觉得我们生活学习的地方并没有她说得这么不如意，问题究竟出在哪里呢？

班里的孩子们有时候过多地关注外面的事物，特别是比我们现在所在的地方发展得好的方面，并且去作一些不平等的比较，结果越比较越发觉得我们这里不尽如人意。也许我是本地人，生于金山长于金山，所以我对金山有着深厚的情感，觉得它还不错，可孩子们并没有这些情感。事实上，我们所在的地方也有它自己独特的魅力，只是孩子们还没有发现它的美，于是片面地觉得外面的世界都比这里好，一直这样下去只会渐行渐远。

作为班主任，一个人的能力是有限的，我不能把孩子想要的新鲜事物都带来松隐，那我应该用什么办法让他们喜欢上松隐，喜欢上金山呢？

### 我要回老家——流动性大

"老师，这个学期结束我就转回老家读书了，爸爸让我问一下转学手续什么时候可以办理。"一位来自江西的学生跑来问我。加上之前的几位，已经有6位同学提出类似的问题了。松隐中学位于上海农村地区，有不少外来务工人员在附近工作，他们的孩子就来到这里读书。这些孩子来自不同省份，可每当临近一学年末，就会有不少外省市的学生因为无法参加上海市中考，离开这里转回原籍读书。最后进入初三学习的学生，相比预备班的学生人数减少了一半。

我和这些学生交流过，他们觉得师生间关系尚可、同学之间相处尚可，只是因为无法参加本地中考，就只能离开松隐回原籍所在地学习。因为觉得到松隐中学学习仅仅是一个过渡阶段，过不了多久就会转走，所以他们对所在班级、学校抱着一种无所谓的态度。在交流中，我发现学生用得最多的词就是"还行、不错、差不多……"以此来评价学校、班级以及师生和生生之间的关系。我想平时我的班级工作开展得还算不错，对学生也是十分关心和爱护，为什么无法感受到他们心中对所在班集体深厚的情感呢？难道是我在班级管理上还有什么不足吗？再细细思考这一现象，我想他们应该是缺少了一种归属感，他们所处的班级和环境无法给予他们这种归属感，从而使得他们把自己当成这个班集体中的一位过客。

我只是一个班主任，并不能够改变现有政策存在的问题，在有限的相处时间内，我该怎样做才能让孩子们拥有归属感呢？

## 【分析问题】

松隐中学作为农村学校，班级内的学生多数是由随迁子女加上少量本地区的孩子构成，这些学生来自全国多个省份，风俗习惯存在差异，而且生源流动性大。

我进行了深入了解，随后发现：

第一，多数家长的家庭教育能力十分有限，总是忙于工作，只注重解决孩子的物质需求，对孩子能力的培养很不上心，导致孩子的精神世界比较空虚。亲子之间的交流活动很少，最多问一下作业完成与否及考试情况，缺少对孩子的关心。

第二，大多数学生缺乏学习主动性，没有明确的学习目标，对自己没有太高的要求。平时学习之余，孩子们主要是以玩手机、看电视来打发时间，甚至用发呆这样的方式去消磨时间。

第三，因地处农村，教育资源相对匮乏。这导致班内学生的能力并不突出，从而害怕展示自我，久而久之能力得不到锻炼，最终呈现出这样的情况。

有客观原因，当然最主要的还是学生的主观原因，我只是一位农村学校的班主任，要用什么办法解决呢？

【探讨方案】

　　我们没有最优质的教育资源，但是我们有各具特色的乡土人情；我们没有强有力的家长队伍，但是我们有一群本性质朴的学生。

　　我发现我的学生并不在意这个集体，没有把这个班级当成一个重要的生活学习的环境，更多的只是把自己当成一个"过客"。所以师生要合力打造一间教室，一间使学生能称为"家"的教室，一间使学生喜爱的教室，一间使学生身心得到发展的教室。

　　第一，探寻区域资源，乡土文化进教室。

　　教室环境布置的内容有许多选择方向，但是我发现金山区内有许多特色资源可供我们运用到教室环境布置中。在教室环境中体现出浓浓的乡土情怀，既是对身边资源的有效利用，也让学生对家乡文化有了再认识。

　　第二，多样活动类型，激发学生爱家乡。

　　通过各种类型的活动方式，把身边的资源利用起来。既有学习型的活动，也有寻访型的活动，更有具有挑战性的探究型活动。这些活动不单是依靠班主任一个人的力量来完成的，历史老师、地理老师也参与了进来。我们试图通过活动，让学生了解家乡，认识家乡，从而热爱家乡。

　　第三，合作布置教室，促学生能力发展。

　　教室是学生的家，学生是教室的主人，学生理所当然应该是教室环境布置的主角。在班主任的指导帮助下，学生们主动参与到教室环境的布置过程中。通过对教室环境的创设与改变，特别是师生共同协作完成任务，学生们的团结意识、互助意识、合作意识、热爱集体的意识都得到了提高。同时，活动也达到了提高学生学习能力、陶冶学生情操、丰富学生情感等多项目的，从而深化了素质教育的内涵。

　　不论你来自何方，当你爱上了这个地方，就会为它奉献你的所有。学生在班级中找到了归属感，就愿意为班级的发展出一份力，营造出积极向上的班级氛围。

乡土风教室布置流程图：

第一，将所在区域的资源进行分类，根据活动开展的方式加以归类，为布置教室提供素材。

第二，根据教室提供的布置区域，确定好成果的呈现形式。

第三，对学生进行分组并作好准备工作，下达活动要求。

第四，分配好各小组需要完成的任务，并开展活动，做好材料收集工作，择优录用。

第五，根据筛选的材料，进行布置版面的设计。

第六，由学生完成成果展示的布置工作。

# 【具体实施】

## 一、资源分类

### （一）清点区域周边的资源

在班会中讨论或发放问卷调查，师生共同罗列所在区域内适用于乡土风教室布置的资源（图2、图3）。

图2　金山嘴渔村

图3　金山农民画院

## （二）确定资源的使用方式

根据寻找到的资源，选择其中便于利用的，思考将资源如何合理转化到教室环境中，确定使用资源的形式和成果展示的方案（图4）。

图4　学生结合学校特色"线描画"制作的成果

## （三）探讨活动开展的形式

根据使用资源的形式将学生进行分组，每一组负责一定数量的资源转化工作。每个小组确立负责人，负责人带领小组谈论活动的具体开展形式。

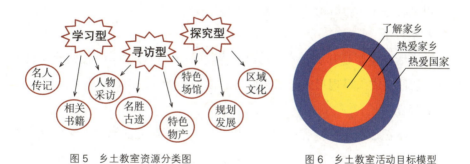

图5　乡土教室资源分类图　　　　图6　乡土教室活动目标模型

## （四）准备布置材料

根据各小组讨论的结果，准备收集可用于布置教室的材料。教师帮助各组学生完成准备工作。

## 二、教室环境布置实施办法

### （一）教室空间

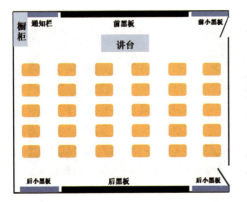

| 前黑板 | 日常教学使用 |
|---|---|
| 后黑板 | 每月一个主题的黑板报、活动成果展示 |
| 通知栏 | 张贴重要通知、调课单 |
| 前小黑板 | 作业提醒、温馨提示 |
| 后小黑板 | 活动成果展示 |
| 橱柜 | 放置植物、装饰品 |

图7 "乡土"教室平面图

### （二）活动成果的收集

**1. 寻访型**

通过开展寻访型活动，完成所对应的活动表格。把所需要的素材准备齐全，如寻访照片、访后记、寻访成果等等。

**2. 学习型**

此类活动主要是开展读书活动以及人物采访，可以给学生较大的空间选择自己的最终成果呈现形式，如读后感、读书小报、采访日记等等。

**3. 探究型**

寻找本区域内可供探究的对象，教师提供需要研究的问题，学生分组挑选问题进行探究活动，围绕着所要研究的内容，进行材料的搜集，最后整合材料，制成作果，如金山农民画发展史、枫泾古镇旅游指南地图等等。

## 三、打造乡土风教室的环境各步骤

下文以寻访名胜古迹的具体实施方法加以说明。

步骤一：设计问题。

针对寻访对象设计有利于学生完成寻访任务的问题，通过活动使学生能够真正地了解历史。

寻访周围著名的历史名胜，可以设计如下问题：

（1）你知道寻访的历史名胜的历史背景吗？

（2）你知道名胜的特点是什么吗？

（3）该处名胜对该区发展有着怎样的影响？

（4）通过寻访你有什么感受或体会？

……

步骤二：准备工作。

完成问题的设计之后，再通过设计寻访使用的表格（见表1），可以帮助学生更好地完成寻访任务，真正了解到名胜的历史。

（1）访前准备，学生在寻访前自己先通过网络等途径，查阅寻访对象资料。

（2）寻访记录，记录寻访过程。

（3）访后记，寻访体会感悟等。

表1　寻访记录表

| ★走进历史寻访记录表★ ||
|---|---|
| 寻访地点：＿＿＿＿　　寻访者：＿＿＿＿　　寻访日期：＿＿＿＿ ||
| 访前准备： | 寻访记录： |
| 访后记： ||

成果形式：□小报　□体会　□交流　□其他＿＿＿＿

步骤三：开展活动。

（1）各小组设计寻访的形式，进行寻访活动（如图8）。

（2）完成寻访记录表（如图9）。

（3）上交寻访后作品。

图8　学生们在松隐禅寺开展寻访活动

图9　完成的寻访记录表

步骤四：成果展示。

（1）制作标题。

所需材料：彩色手工纸、彩色铅笔、记号笔、剪刀。

表2　标题制作过程

| 步　骤 | 操作方式 | 效　果 |
|---|---|---|
| ① | 使用铅笔在手工纸上写好文字 | |
| ② | 使用记号笔进行勾线 | |
| ③ | 使用彩色铅笔进行上色 | |
| ④ | 剪下待用 | |

图 10　标题展示

（2）设计版面布局。

所需材料：双面胶、玻璃胶、手工纸、水粉颜料、剪刀。

根据展示区域进行版面设计，并完成布置。

（3）效果图。

①整体效果。

图 11　布置完成后的整体效果图

②其他活动成果展示。

表3　成果展示

| 名　称 | 成果展示 | 亮点说明 |
|---|---|---|
| 活动掠影 | 寻访活动掠影 | 把学生在寻访过程中精彩的瞬间展示在教室中，既是对开展活动优秀的小组的肯定，也可以让其他小队学习。 |
| 特色小报 | 松隐禅寺寻访小报 | 通过对松隐禅寺的寻访活动，学生对它的历史及发展有了新的认识，并制作成小报进行成果分享。 |
| | "金山科学家"读书小报 | 开展阅读"金山科学家"活动，学习金山本土的科学家身上优秀的品质，通过小报的形式进行交流。 |

续 表

| 名　称 | 成果展示 | 亮点说明 |
| --- | --- | --- |
| 特色小报 | 金山故事之《红色记忆》读书小报 | 通过阅读金山故事之《红色记忆》，了解当年发生在金山这片土地上的红色故事，以小报的形式进行宣传。 |
| 创意书签 | 金山特色物产书签 | 寻找具有金山特色的各类特产，并制作成书签，不仅美观，还可以在日常使用。 |
| 旅游地图 | 枫泾古镇旅游地图 | 制作枫泾古镇旅游地图，既让学生对枫泾古镇有进一步的认识，也可以用于宣传。 |

## 【过程反思】

具有历史价值的资源是打造乡土风教室的重要材料来源，而寻访型的活动是最能充分利用这些资源的形式。当活动的模式形成之后，可以成为学生开展各类寻访型活动的指导方向，比如我们还可以寻访枫泾古镇、张堰南社等。

第一次进行寻访型活动时，我们选择了离我们最近的松隐禅寺，过程的要求以及最后的成果展示都相对简单，学生容易上手。学会寻访型活动的开展流程和方式，其中最关键的一点，是要设计好寻访型活动的问题，让同学们通过活动，对寻访对象有更深层次的认识。总体而言，寻访型活动难度适宜，容易开展，不会牵扯大家过多的精力，同时又能将活动成果进行积极的展示和交流。

在教室布置的过程中，班主任只需适时地进行指导，尽量地做到放手，让学生去操作，虽然他们前几次教室环境布置很不容易达成预期效果，但接下来只要通过一次次的努力，提升自己的审美能力以及设计水平，相信最终所能达到的效果一定是非常好的。在布置的过程中，学生逐步掌握布置教室环境的原则与方法，班主任及时评价学生布置的成果，激发他们布置教室的兴趣，这样不仅可以培养他们的动手能力和劳动意识，也可以让学生在过程中有效提升自己的能力。

## 【乡土风教室的乡土故事】

### 乡土触心知——这里也挺好

时间飞逝，转眼第一个学期结束了，教室环境在班主任和学生的共同努力之下，已经展现出许多富有金山地域特色的元素。经过一个短暂的寒假，第二学期如期而至，开学不久，我校所在的亭林镇准备举行一次"创意地图"绘画比赛，当学校把这个比赛通知下达给每位班主任之后，我心里就有一丝发慌，会不会还遭遇上次朗诵比赛的尴尬呢？本想着直接指定几位同学完成本次比赛的任务，但是我也想看看是否还有其他同学想参加比赛。于是我硬着头皮把任务布置下去，没想到这次同学们十分踊跃地报名参加比赛。

过了一段时间，学生陆续把绘画作品交了上来。当我看到这些绘画作品的时候，一方面惊叹于学生所绘制地图的精美，另一方面又有一丝不解，因为这次比赛并没有规定所要绘制地图的具体形式，换言之，可以绘制任何地方的地图，而班里学生所上交的作品，无一例外都是以金山区为蓝本绘制的创意地图（如图12）。

图12　学生参加比赛绘制的创意地图

为了解开这个疑问，我找到其中一位外省市的同学询问："我记得你的老家是江西婺源，那里很有特色，为什么你没有把那里画下来呢？"她回答道："首先，我从小在这里生活读书，对老家并不是十分的熟悉。其次，在和同学们一起布置教室环境的过程中，我对金山的历史文化、名胜古迹、美食等都有了新的认识，知道了许多自己原本不知道的故事。所以我就想把金山画下来。"

听到她的这番话，我似乎明白了为什么班里的学生在绘制创意地图时都选择了金山？应该是之前的那些日子，通过各类活动的开展，我们把金山特有的乡土文化装点到教室中来，使得班里的同学对金山有了更多的认识，发现它与众不同的美丽，自然对它产生了不一样的感情。

### 乡土促成长——我能做好

随着时间的推移，第二学期很快临近尾声。之前就有不少外省市的学生提前告诉我，这个学期结束之后就会办理转学手续，回老家去。我想，大家在一起有近一年的时间，相处时间也不算短，更有不少同学从小学已经是同班。面对即将到来的离别（也可能是再也没有相见机会的离别），是应该举办一场欢送会，为这些同学的在沪求学之路画上一个短暂的句号。

这天，我在班里宣布：为即将离开的学生举行一个欢送会，大家一起做一个有意义的告别。之后我召集班委们，准备就如何办好欢送会进行讨论，我没想到的是，班长先开口了，让我把这个任务交给她来负责，说一定会和班委们把欢送会办好。

我好奇地问她："以前布置任务，你们都是满脸的不乐意。这次欢送会，怎么变得这么积极，主动要求承担任务？"她回答道："在布置教室环境的过程中，自己参与了许多活动，发现方老师是最累最辛苦的，带领着我们开展很多活动，做班主任真是不容易。所以我们也要主动承担一些能够完成的任务。""那其他班委他们也是这个想法吗？"我抱着疑虑问道。"当你在班里说要举办欢送会，我们就商量过了，你就放心吧，一定做好。"班长信心十足地回答我。

听了班长的这些话，我心里满是欣慰。在打造乡土风教室的过程中，学生参与其中，已经能体会老师的不易，为老师分忧；而他们自身的能力也得到了一定的锻炼。从入学之初，学生对班级事务避而远之；到现在，学生能够充满自信、主动来承担班级的各项任务，已经是一项不小的进步了。

### 乡土系人心——我舍不得离开

很快，在我们共同布置的这间"乡土"教室中，举办了一场很有意义的欢送会。在这场由班委们组织的欢送会中，学生积极参与到各项活动中，看上去都很开心（见图13）。

图 13 班级欢送会

但是我发现不少学生眼中流露出一丝忧伤,这既有即将要离开金山的同学,也有继续留在这的同学。坐在我边上的王同学对我说:"想不到一年的时间真快,我就要回老家了,真的不想离开这里。"而徐同学说:"因为没办法参加上海的中考,不回去也没办法,不过将来有机会一定会回来看看老师和同学们。"我对他们说:"回去以后一定要努力,争取大学考回来。"

到了欢送会的最后时刻,特别在学生一起拍了全家福之后,教室内的气氛从欢快慢慢变得有些凝重,班长在结束语中说道:相信我们每一位同学会记得这一年来松隐中学六(3)班中发生的点点滴滴,谢谢方老师对我们一年来的教导。此刻我的心也变得挺沉重,一下子班级里要离开不少同学,很舍不得他们。

回想这大半年以来,学生们为了寻找布置教室的素材,开展了各类活动,从开始的被动消极到慢慢变得主动积极,大家都付出了许多努力,其中有获得成功时的喜悦也有遇到失败的沮丧。在布置教室环境的过程中,我发现学生不仅各方面的能力有了显著的提高,而且大家为了一个目标而努力,同伴之间相互帮助,多一份包容,少一份抱怨,同学们也更加热爱这个班集体。

虽然看似教室里充满了金山"土味",但这是浓浓的"土味情话"。通过各类活动的开展,学生对所在生活区域从不甚了解到有新的认识,再到深入发掘本土历史文化,他们慢慢喜爱上这个地方,把这些活动中所积累的素材运用到教室环境布置中,最终使教室成为一间"土而有情"的"乡土"教室。

【资源包】

1. 布置过程的常见问题。

(1) 学生流动性强，如何建立有力的布置教室的学生队伍？

部分学校每学年转回原籍读书的学生人数不少，最终留下的学生可能只有原来的三分之一。因此不能只依靠有能力的学生进行教室环境的布置，否则等到有能力的学生转走之后，班级的日常运作就会产生问题。班级要得到良好的发展就需要全体成员之间的相互协同。在教室环境布置的过程中，需要由同学和教师共同开展，教师会引导学生进行教室的布置，但主要的工作还是由学生来操作完成。

(2) 学生能力较弱，如何培养学生布置教室的能力？

农村学校的学生能力突出的并不多，所以我们需要让个别能力强的学生带领能力较弱的学生完成布置教室的任务。在布置环境的过程中，我们会采取小组合作的方式进行布置，由能力强的同学带领几位能力较为一般的同学进行环境的布置，这样既做好了班级学生的梯队建设，也确保每一个学生都能参与到教室环境的布置中来。

(3) 教室墙面不整洁，怎么办？

为了使教室墙面变得美观，我们会在墙面上粘贴有色彩的自粘防水墙纸作为底板去覆盖原来陈旧的部分，通过简单的翻新，达到一个比较好的效果。这些防水墙纸上方便我们粘贴东西，也便于我们反复利用。

因为防水墙纸本来颜色比较单一，我们也可以进行一些美化布置，比如粘贴一些小图标或者小花纹之类。但粘贴的过程中要注意，我们布置的教室环境是需要更换的，一般都是用即时贴或者用透明胶进行粘贴，而尽量避免使用双面胶直接在墙上进行粘贴，因为双面胶特别难处理，使用后会在墙面上留下明显的痕迹，这样的话会影响墙面的整洁。

(4) 教室物件摆放不整齐，怎么办？

我们常常会为班级内一些工具的摆放伤脑筋，经常提醒学生摆放整齐，但他们还是经常乱放。所以我们在绿化角、读书角、卫生角等处，都会张贴使用规范的说明以及一些提示性的标语，以便指导学生进行规范操作并起到有效提醒。在需要摆放物品的地方都制作了标签，每一件工具会有一个标签对应，这样每一个工具摆放位置就会非常明确，使用后学生就能正确摆放整齐。使用指示标志之后，在这些区域内工具的摆放变得十分有序。

（5）课桌有什么方法利用起来？

我们的课桌是有文化的。首先学生会在课桌上粘贴好课程表，以便自己查看所上的课，其次还会粘贴上一张小小的白纸，在上面写上励志的名言，时刻提醒自己要努力学习。

（6）在教室中布置什么比较合适？

将学生的优秀作品进行展示，当学生的作品在墙上进行展示的时候，既增强了该名学生的自信心，也起到了很好的激励作用。要多留意学生的作品，把握好每一次可以利用的作品。例如近期进行了一次社会实践活动，在活动中班级内的学生制作了很多优秀作品，有泥塑画、象形文字画等。当然也不仅仅局限于以上作品，在一些朗诵、唱歌、舞蹈的比赛中，我们也会用照片的形式在墙面上进行展示，让这部分同学在下一次的活动中更加积极主动，而周围的同学看到后也会想让自己的身影留在墙上或者将自己的作品挂于墙上。

（7）如何开展读书活动，并展示在教室中？

开展读好书分享活动，首先要让学生把自己读过的优秀书籍，在书中体会的道理或者感悟，写成读后感。第一次，绝大多数学生把自己的读后感写成了书籍简介。接着我请我们的语文老师对他们进行读后感的指导，让他们明白什么是读后感，并分享了我的一篇读后感。之后，再开始第二次读后感的撰写，相比第一次很多同学有了明显的进步，从书中体会出很深刻的道理，也结合自身写了很多的感悟。

活动并没有到此为止，接下来是每位同学都要到台上，与同学们一起分享自己所读的好书，这对班级内多数同学是一个不小的挑战，但在一些能力较强的同学的带领下，多数同学能完成任务，也算是一个不小的进步。最后让同学们将读后感打印好，并进行一些创意制作。当天演讲的同学的读后感会有专人进行更新，最终每一位同学的读后感都会在墙面上进行展示，供同学们欣赏。还有后续活动，要求每个同学制作读后感小报，把所阅读书籍的内容及体会写在小报上。扎实地开展好书分享活动，这个过程就是在培养他们的能力。

2. 扫码可得。

实用表格：

（1）活动开展推荐表格；

（2）布置教室流程表；

（3）活动开展步骤表；

（4）寻访记录表；

（5）阅读记录表。

# 海派风教室

上海市延安初级中学家长在海派风教室中

尊重多元、个性，
兼顾个人和集体，
以契约精神为主导，
理性、随和成熟的文化，
即是海派文化。

——"海派文化"词条

**作者简介：**

郭李骎，初代 90 后，上海市延安初级中学地理教师，拥有 7 年班主任经验。2016 年荣获长宁区班主任新秀称号，所执教的课曾荣获长宁区学科德育录像课评选二等奖，曾获得长宁区"活力教育"班主任基本功大赛三等奖，长宁区课堂工程一等奖等奖项。

**带班理念：**

"90 后""上海生人"这两个关键词加身的我深知每一个个体都有他独有的魅力，就像这座城市海纳百川兼容并蓄一样，班级里的每个个体都有他自己的特点、脾气和想法，既尊重多元、保留个性，又使每个个体捏合而成的集体凝合向前就是我所追求的。

我最喜欢那个教室的懒人沙发，从来没有想过可以瘫着上课……

——小葛（在国内完成初中学业赴美就读高中）

我们那里有"恶搞"教室，上美术课时可以创作老师的表情包！

——小高（小学时期在加拿大接受教育，初中返沪）

感谢小郭老师两年来的陪伴，希望有机会再一次"老郭有约"，90后大哥哥为青春期的孩子们答疑解惑。

——小王妈妈（未知数中队家长）

图1　在海派风教室里过生日的小寿星

## 【海派风教室的内涵】

上海的文化被称为"海派文化",其实质是对欧美文化的借鉴。海派文化是在中国江南传统文化(吴越文化)的基础上,融合开埠后传入并对上海影响深远的,源于欧美的近现代工业文明而逐步形成了上海特有的文化现象。海派文化既有江南文化的古典与雅致,又有国际大都市的现代与时尚。区别于中国其他文化,具有开放而又自成一体的独特风格。

在海派文化的基础上,上海的城市精神应运而生,"海纳百川、追求卓越、开明睿智、大气谦和",16字的城市精神中又暗含着公正、包容、责任、诚信的价值取向。而这正好与我建班育人的目标不谋而合,班级里的每一个学生其实都有着自己的个性和思想,他们可能目前在某些方面还不够成熟,还略带执拗,但作为一个人他们还正处在不断学习成长的阶段。既不扼杀他们的个性,又教会他们社会中为人处世最基本的规范和礼仪是我一直追求的。在了解上海城市精神的由来后,我决定将我的教室命名为"海派风教室"。

## 【海派风教室的探索】

### 一、原来我也能和老师传"小纸条"——征集过程充分尊重多元

也不知道是从何时开始,在班会课、主题教育课上我开始设计一些前测问卷,设计一些与课程有关的小问题或是有些开放性的小问题,一来方便了解学生对一些问题的看法,用班中学生群体作为样本透视数据引出一些问题的结论,二来也算多了一个师生间交流的通道。这种介于正规和随性之间的沟通方式其实可以得到一些意想不到的信息,首先没有和老师面对面交流的压迫顾虑和不自然,而且是书面沟通,孩子在落笔组织语句时不会像平常聊天时那么随意,而且"小纸条"这个载体也给了我一个回复的平台,师生间

的交流就在这纸上你来我往(见图2、图3)。

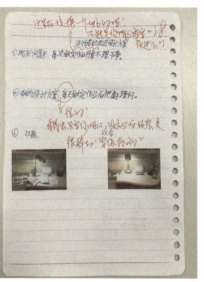

图2　生活习惯养成主题教育课"小纸条"

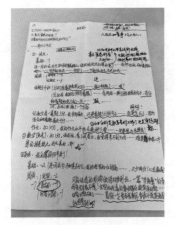

图3 某次期末考试个人小结"小纸条"

尝到甜头的我开始有计划地设计并布置每学期的"小纸条",小到班会课的教育点,大到期中期末考试的自我分析总结,有时甚至还会允许学生匿名向我提问,我随机抽取问题在全班回答等。操作下来,学生和我都喜欢上了这种简单轻松但又不失质量的沟通方式,我直接称呼其为"小纸条",而学生亲切地把这纸上的你来我往称作"老郭有约"。在教室该如何布置的问题上我们也通过小纸条沟通,大家喜欢什么我们就做什么,不喜欢的不感兴趣的我们就不做(如图4)。

| _____的改进方案 |  |
| --- | --- |
| Ⅰ._____的现状及其问题。 | |
| Ⅱ.我的设计改进方案。 | |
| Ⅲ.前后照片对比。 | |
| 整理前<br>Before: | 整理后<br>After: |

| 期中考试总结分析 | | |
| --- | --- | --- |
| Ⅰ.分学科小结本次考试各个版块得失分 | | |
| 语文 | 数学 | 英语 |
| 默写,<br>课内古文,<br>课外古文,<br>文学常识,<br>阅读领航,<br>现代文阅读1:<br>现代文阅读2:<br>作文: | 填空题:<br><br>选择题:<br><br>计算题:<br><br>解答题:<br><br>阅读题: | 听力:<br><br>语法:<br><br>阅读:<br><br>作文: |
| Ⅱ.自己觉得满意的/不满意的版块及原因 | | |
| 满意版块 | 不满意版块 | |
| Ⅲ.假期中针对不满意之处有何计划? | | |

图4 "小纸条"样张

## 二、"什么？！我随口一说就成真了？"——学生天马行空的点子我来实现

"666"也作"溜溜溜"，是为了方便快捷地赞扬某人或某物很牛、很顺手、容易操控的意思。相信这个网络用语大家不会陌生。其实在很多网络用语的使用上学生是走在"前沿"的。接手 2015 级 6 班的时候正是"666"这个网络用语开始风靡的时候，而班级为六年级又正好是 6 班。在一次班会课上我正布置着设计班级名片的作业："我们接下来要在班内征集我们的中队名，还要有一句响亮的班训，大家还要和郭老师拍一张集体照，最后要把这几个元素设计在一张 A4 版面大小的纸上，做成我们的班级名片。我们来看看哪位同学设计的作品大家最喜欢……"我突然听到坐在后排的小潘同学半开玩笑地和旁边的男生说道："要是我们六（6）班的集体照是我们站成两个'6'的样子那就 666 了！"小潘此言一出，立刻引起了周围几位同学的兴趣，他们纷纷围拢过去讨论开来。站在讲台上的我先是对这种无视课堂纪律的行为感到厌恶，可将小潘同学的话听得真切的我心里觉得这其实是一个不错的点子，而且已经获得了班中同学的认同，何不顺水推舟给小潘同学一个机会呢。当场我就接着小潘同学的话说了下去，准备设计一个以两个"6"为造型的班级第一张集体照！

不久之后，我把酷爱摄影的大学同学请到我们学校，让他为我和 6 班的小朋友们拍摄集体照（见图 5），在合影里没有尴尬、没有僵硬、没有抵触、没有不看镜头。因为这是他们自己想到的、喜欢的合影方式，在合影中大家都笑得那么真，那么投入。

## 三、这样的作业竟然也能展示出来？——允许学生拥有自己独特的表达方式

为了将班级里学生的才艺想法更多地展示出来，我在网上自购了两块软木板。到货之后，我和劳动委员迫不及待地将软木板挂在教室墙面上，并且当机立断布置了一期以妇女节和感恩为主题的"一点感悟"活动。说实话，

图 5  6 班第一次拍集体照

我每次收学生的周记、小纸条和小报作业时都活像一个急着拆礼物的孩子，心中的激动和兴奋难以言表，这次果然也有惊喜。

　　小朱同学平日里是一个安静的男生，外表文文弱弱的，酷爱动漫又不常外出的他被同学们戏称为"宅男"。在家访时我得知父母对小朱同学的教育方式稍显激进，少年心中不免有些自己的想法，心中郁闷的小朱同学在班中也少有交流，自然就形单影只起来。初一学年班里开始分层教学，随着竞赛层的学生单独上课，小朱同学在数学和英语方面扎实的功底、良好的习惯和极强的上进心使得他在初一学年一跃成为班里进步最显著的同学。随着自信心的增长，加之写得一手老练的钢笔字，小朱同学在班里的人气愈加旺了起来，脸上多了一抹自信。当我打开小朱同学妇女节感恩主题的作业时，一张抽象风格的作品跃然纸上，要是一般的班主任收到如此草草了事的作业不知是会气炸还是会无奈地摇摇头，但作为小朱的班主任我深切地知道他都经历了什么，可以认真对待这次作业——这个他不太擅长的"绘画"作业——已经实属不易。所以我当机立断，将小朱的作业展示在软木板上，不为这份作品有多么优秀多么好看，只为表示老师看到了他的变化，相信他能一路更坚实地走下去。当天放学我和劳动及宣传委员三人趁热打铁完成了这期"一点感悟"的布展工作。第二天一早同学们纷纷来到教室，争相欣赏最新一期的软木板内容。当同学们震惊于8张作品中竟然有一张风格如此之独特的作品时,教室里只有我和小朱两个人相视一笑(图6)。

图6 软木板与小朱同学的"一点感悟"

## 四、"你们班的家长真给力!"——充分发动和利用家长资源

说实话,刚当班主任那会儿我是非常恐惧和家长交流的,其实倒也不是遇上了比较麻烦的家长,只是觉得自己资历尚浅,有时候说起话来总觉得不严谨,有漏洞。等在班主任岗位上时间长了发现也就是这么回事儿,其实那些所谓的"熊孩子、熊家长"只是极少数。这个时代家校联系被推到了一个新的高度,各式家校沟通平台像雨后春笋般出现,在平台开发过程中总会有些保护老师的设计,如摒弃群组式杂乱的交流,改为以老师为中心的单向网状交流模式,为教师设置工作时间和休息时间,对某些没有及时阅读通知的家长设置强提醒……其实家长互相之间留一下联系方式有什么不好呢?周末群里约着打篮球、摘葡萄有什么不好吗?把自己藏在高高筑起的围墙里徒增双方的对立情绪,哪个家长不想让自己的孩子更好呢?没有了这层顾虑,我开始发掘家长中能利用开发的潜在资源,为孩子们也为我"圆梦"。

## （一）地理老师心心念念的秋游

还在读大三的我，看着学校对奉贤校区旅游学院将来的规划暗想道：地质公园、天象厅……这片校园在我毕业前怕是没法完工了，要是以后还能有机会回来看看该多好……

2015 年，当我接手新班级随手翻看新生家长资料的时候忽然发现，思远爸爸竟然是上海师范大学旅游高等专科学校的老师，家访时也特地和他聊起了以前在奉贤校区院里的日子，思远爸爸面带微笑，主动说道：现在已经完工了，在以前实验宾馆和教学楼的基础上又起了两幢新楼，还有名人大道、地质公园和天象厅都已经投入使用，郭老师可以带着孩子们回来看看。

那时，学校里个性化春秋游的案例还不够成熟，最多是学校安排某些特色班级去一些科研院所参观，但想回母校看一看的心情是那么的强烈，更何况我自己就是一位地理教师，天象厅、地质公园这些只在课本里才会提到的知识我自己也想去看一看。当机立断，我和年级组长沟通了情况，学校非常支持。

当大巴停到母校门口，看到母校门口的电子显示屏上打出"热烈欢迎延安初级中学师生来访"时，我的内心极其复杂，那天全程玩得最开心的其实应该是我——带着学生一起看以前自己住过的寝室，领着学生走进以前读书时从来不敢进的实验宾馆，在地质公园亲自给学生讲解（图7）……学生似乎也感觉到了我比平日里更加激动。思远爸爸也一路陪着我们，直到下午返

图7　带领学生参观地质公园

程时将我们送上大巴。虽然地理老师带班只有两年时光，但有了这次合作，我和思远爸爸的联系就从未断过……

（二）匠心巨制的环保宣讲

每年的三月是我校的关爱月，学校会根据每个年级学生发展的不同阶段制订分年级活动方案。2018年，未知数中队的学生进入初一第二个学期，他们逐渐摆脱刚入学时的稚气与青涩，开始逐渐有了自己对人对事的看法和自我的世界观。学校每年给初一学生安排的关爱月活动是环保方面的宣传"地球一小时"活动，具体方案可由各班自行定夺。

根据以往各班活动经验和自己手头的家长资源，我第一时间给孩子们出了一个点子——让他们给社区内一所小学五年级8个班的所有学生开设一堂环保宣讲课，主题是"地球一小时"，同时在社区的街道上可对路人进行宣传和发放纪念品。我让他们沿着这个方向进行思考，制订方案。

筹备期间其实我心里还是没底的，毕竟这不是一个简单的小活动，虽然已经帮孩子们大致指明了方向，但他们能做好人员分配、任务梳理、材料设计制作、宣讲培训吗？能够打败拖延症踏准每一个时间节点吗？最后又能不能出色地完成宣讲和宣传任务呢？

双休日晚上，班委群里打破了两天的沉寂，逐渐热闹起来："老郭，这是现在全班同学报名的情况……""听候老郭安排……"点开班委在草稿纸上手动统计的宣传宣讲报名信息的那一瞬间，说实话我感到一阵惊喜！可能此前已经作好了心理准备，孩子们做事会欠缺效率，统计数据会没有条理……但当看到草稿纸上清秀的字迹，全班30多名同学的报名一目了然，并且宣传组和宣讲组纷纷都有了相关负责人，总有那么些瞬间，作为班主任的我一下子觉得，孩子们好像长大了，他们不再是以前那些想法天马行空做法却不脚踏实地的他们了。我想当天看到班委们在微信群里向我汇报情况的时候就是我的那个瞬间吧！

然而计划总赶不上变化，由于突然接到比赛任务，班中五名同学在活动当天要前往昆山参加比赛，再加上活动后一天恰逢学校的开放日，部分有任务的孩子也被限制参加关爱月活动。得知这两个消息后的我整个人都不好了，面对剩下的同学我一时间不知如何是好，失望之情渐渐挂在脸上，而孩子们这时的行动给我打了一针强心剂，坚定了我将环保宣讲做下去的信念：宣传组的孩子们在双休日做好了宣传海报，找到了相关资料，并拜托班中的绘画才女帮着一起设计了一套明信片和徽章作为街头宣传的小礼品派发给行人，而宣讲组重新架构了人员搭配，利用双休日时间完成了 PPT 的制作，向我请示是否可以利用关爱月活动前的每一个放学后的时间在教室进行宣讲排练。看到这样的孩子们我一扫心中的阴霾，接下去的这周，放学后成了海派风教室最热闹的时候，一对一对重新搭档的宣讲组合互相之间练着词儿、对着稿……没有轮到的小组和我一起扮演小学生，回答宣讲员的提问，反复打磨自己的语言，此间我还破例允许学生们带零食在放学后宣讲培训时分享，氛围轻松愉快，大家的工作也异常高效！

宣讲的那天，看着孩子们经过自己的努力，最后在小学生面前侃侃而谈，只能在走廊里焦急踱步于各个教室间的我脸上不知是焦虑还是欣喜。下课铃响起，孩子们给小学生们发了我们精心制作的明信片和徽章，还和他们玩起了自拍，最后看孩子们一个个完成宣讲，几乎是从教室里横跳着冲出来，迫不及待地和我分享他们第一次站上讲台的点点滴滴，我感动、开心。最后在关爱月总结视频拍摄时，孩子们还想到了把我们的明信片和徽章贴到软木板上作为背景，看着视频里的孩子们，我的心情格外舒畅。

回头想来，若不是班中正好有家长资源，这些活动根本不会成型；若不是自己一开始就没有为自己筑起高墙，可能就没有这么融洽的家校关系。虽然不得不感叹自己的运气，但有时候还是觉得，只要自己肯去做，结果总不会太坏。

## 五、"最终我们都活成了自己讨厌的模样"？——打造海派风教室的原动力

第一，性格。

小时候的我自觉还是有点小叛逆的，走上教师工作岗位之后，特别能理解学生的感受，在处理学生事务时也会用自己小时候的经历提醒自己：不要

成为曾经自己讨厌的模样。所以很多带班理念都是出自对学生想法的理解，当然这并不意味着对学生的纵容。我觉得自己更像是一个中间人，站在学校教育和学生之间，理解了小时候不能理解的学校教育，也清楚这些教育施加在学生身上会产生哪些效果，所以久而久之就有了自己的一套想法。

第二，环境。

生长在上海，自然从小被身边的多元文化影响。在上海，可能你刚在法租界看完梧桐打卡网红地标，一转身就步入一座千年古刹享用起一碗斋面；市中心像钢筋水泥森林一般，可市郊的油菜花和小厂房会让你瞬间恍惚；路上人来车往快节奏，上班族的手里拿着提神醒脑的咖啡，但办公室里可能也有一位同事桌上正摆着一套功夫茶具；可能上海人确实像网上传的那样精打细算对自己抠到一分一厘，但石库门里、老弄堂里也流传着浓浓的邻里情。

可能就是这样的生长环境，让我对什么样的事物都有所接触，见怪不怪；再加上父亲家这边来自吴侬软语的苏杭地区，母亲家这边则是来自北方，过年过节串门拜访，频道随意切换，所以我也允许我的学生有自己的个性、自己的想法和自己的做事方法。

第三，地理学科。

能走上教师岗位的背后有太多的阴差阳错，但其实对地理学科的爱是一直不变的。地理学科带给我的可能就是一种综合思维，对一个事物全方位的认知能力和一种家国情怀感，久而久之我的学生也会受我的影响，在他们的身上也会具备这种素养。

## 【海派教师的思考】

"给学生太大的空间，万一他们走上弯路怎么办？"其实我内心也会经常泛起这样的嘀咕，以下三张照片（图8）是按照时间顺序进行排列的，在一开始准备涂鸦墙的时候我的内心是纠结的，万一出现像中间图这样的行为怎么办？（这样的还是算比较克制的）所以一开始我也想了一套很严谨的规则来防止涂鸦墙变得不堪入目。其实学生在成长过程中确实需要情绪发泄，当然要掌握不对人、不伤己和及时的原则。所以一开始我给孩子们简单制订了一些规则，比如涂鸦墙内容一周擦除一次，涂鸦内容不得出现同学的姓名，预备铃响之前必须将白板笔放置到讲台规定位置，必须合理使用白板工具等。

图8　教室里涂鸦板的变化

在实行过程中我一度想把涂鸦板拆掉，含沙射影的绰号、故意覆盖其他人的涂鸦……看到这些我虽面无表情但内心还是有点小失望的。在不断完善规则，介绍涂鸦板的用途之后，终于有一天我发现课间大家似乎不热衷于抢着用教室里的白板笔去涂鸦板前占地盘了，涂鸦板上被擦拭得干干净净，放学后有学生请示我能不能留在教室里一段时间再离校……我心里预感到转变在发生，就允许一些学生放学后留在教室里，第二天一早我一定要来一探究竟。果不其然，涂鸦板上被画上了生日的祝福。原来孩子们想给小伙伴过一个集体生日，大家就想到了班里的涂鸦板。

有时候我们肯定会有诸多担心，担心学生没有按照我们预设的线路成长。我的做法就是丢掉预设，给足空间，变担心为耐心和信心。只要我给他们带来的是正确的观点、正面的教育，对社会上各种事物进行合理的解读，我相信我的学生会一点一点成长。

# 后记　各美其美，美美与共

什么是美？

——这真是个人人都可以说几句，但很难说清楚的问题。也正因如此，这个话题，才显得如此有魅力。似乎回答杂乱缤纷的状态本身，就是对这个问题较好的回应：

各美其美，美美与共，是为美！

## 助每一位老师，各美其美

天下有一模一样的教室吗？

——我认为，是没有的。

不是说教室的面积不同，也不是说黑板报的栏目分类不同，而是说即便同一间教室遇到不同的人，自然也会呈现出不同的"味道"。这里的关键，是"人"的不同——教室因"人"而"异"！

班主任，作为平等中的"首席"，自然对教室的影响更大。而反过来，我们也能够通过一间间教室，感受到一位位"班主任"的独特魅力和非凡气质。

作为班主任，布置教室，亦是如此。我很幸运，遇到很多这样的同行者。

朱莹颖老师，来自鹤北初级中学的班主任，身躯娇小，言语不多，但第一次活动发言就让我们着迷了：谈自己如何不乐意半途接手一个班级，谈自己如何被孩子们感动，谈孩子之间如何互相感动，谈如何借助黑板报质量的提升把班级的自信心提上去……娓娓道来中，我们都被她的坦诚、勇敢和细腻吸引住了。尤其在朱老师说到最后为即将离别的孩子送行，当孩子们拉开精心准备的黑板报的瞬间，那位即将返回老家的孩子、那位平时酷酷的孩子，强忍了一下，接着背转身去，以臂抹泪……再看到孩子们出板报时举着电吹风为了使颜料速干，朱老师在板报前吃方便面……我的眼圈也红了起来：这就是生命对生命的陪伴啊！黑板报，是这群生命互动过程中互相滋养心灵的一个"礼盒"，通过这个"礼盒"，教室里的人们，实现了"礼物"的交换，实现了彼此的滋养，实现了共同的成长。一个老师一个班，正是朱老师本人的和雅之风，慢慢影响着一群人的和雅之气。"和雅教室"，水到渠成！

最有意思的是，在编著这本书的过程中，一位位本来个性十足的老师，开始慢慢地发现自己的更多精彩，更多的特质慢慢地在我们面前沉淀、呈现：朱老师的"和雅风教室"，陈敏老师的"动感风教室"，姜南老师的"能量风教室"……

这就是写作的魅力、课题研究的魅力，可以让原本有个性，但个性模糊并不自知的自己，变得更加敏锐、清晰、包容，进而也看到自己前进的方向，看到同行的精彩。我想，这也就是专业成长的一种方式吧。

## 助每一位孩子，各美其美

没有一个抽象的学生。

问题是，如何看见每个孩子的独特光芒，孩子之间如何看到彼此的能量，孩子自己如何发现自己的价值？这，是需要智慧和机缘的。

如何用好班级布置，如何在开展班级布置研究的过程中，帮助到每个孩子，帮助孩子找到各美其美的感觉呢？我来给大家分享小越同学的故事。

小越，是复旦大学第二附属学校的学生；他的班主任刘小莹老师，是该校的语文教师。刘老师话不多，但凡开口，总会出口成章；小越同学的话也不多，但是偶有表达，却是出手打人……这可怎么办？刘老师很智慧，借助班级布置的机会，鼓励孩子们为自己的柜门设计个性化的图片。没想到，小越贴了这样一张照片：黑暗的世界，烧红的大树，狰狞的枝桠，孤独的勇士……整张图中弥漫着地狱般末世的死亡气息。刘老师被图片吸引了，更被小越的一行自我介绍给震撼了："我啊，只是想证明，这样的我，就算是这样的我，也有能够靠自己的双手争取到的东西。"刘老师读出了孩子的呐喊，意识到那份黑暗中有一种向往光明的力量正在破晓而出！这是一种正向的能量。

一次柜门布置，不大说话的小越，呈现出独特的自我，不大说话的刘老师，敏锐地听到了孩子的心声。果然，小越任劳任怨、默默付出，成了大家公认的劳动委员，成了老师放心的小帮手……

我相信，这样的故事，每个老师身边都在发生。就像三分钟热度的小刘，在王飞老师的班级，通过出布置教室的英语作文，找到了认真书写、学习语法、锲而不舍的学习状态；还有王建民老师班级的小严，因为王老师在一次传统节日的布置活动中向孩子们勇敢认错，孩子自己也鼓起了勇气面对自我……

你看，只要有一双发现美的眼睛，教室环境布置，就是非常棒的育人载体。每个孩子都有机会绽放自己的美丽；每个孩子也都有机会彼此看见。

### 助每一间教室，各美其美！

教室，是个空间。

加入时间的维度，加入人的要素，

教室，就更是一个异常丰富的系统。

教室里，需要好好学习，考出成绩；教室里，需要同伴相处，建立友谊；教室里，也需要心怀天下，志在四方……教室里发生的不同故事，都会影响着教室的温度，教室的气质。在围绕教室布置展开研究的过程中，我总是一次又一次被老师们的智慧折服：能够如此务实地服务孩子们，又如此美妙地通过教室布置来呈现，实在是令人叹服！

吴润娇老师，90后新锐班主任，很坦荡地表达并研究起"教室布置如何帮助孩子提高学习效果"。她能把班级一块小小的"公告栏"发挥到极致，不仅有班级事务通知，还有生日祝福，更有语数外各学科内容，还能美妙绝伦，你方唱罢我登场，真是令人艳羡不已……

孙微老师，一位数学老师回应了孩子们对社会主题的思考，把"环保"项目做到了极致。不仅在班级里开展活动，还鼓励每个孩子当起了环保宣传大使，不仅自己学会科学的垃圾分类，还带动家庭成员学会并养成垃圾分类的习惯；更了不起的是，孩子们走出了教室，走出了家庭，走向了社区，走向了街头，在公共领域尝试着发出自己的光亮……

还有扎根乡村的方超老师和漫步在市中心区域的郭李骎老师，一位老师直面孩子们的吐槽"为什么我们这里什么都没有……"，一位老师不断鼓励孩子们真实地表达……两位老师，一位通过"乡土风教室"的打造，帮助孩子们惊讶地意识到"原来我也拥有很多""原来，我也很有能力"；一位通过"海派风教室"的经营，让孩子们毕业了还对教室里的"懒人沙发"念念不忘，对能和老师写小纸条的自由交流氛围盛赞不已……

不同的教室，不同的风采！

同一间教室，也有不同的魅力。

能够和这么多优秀的伙伴同行，能够领略这么多美的教室，美的心灵，确实是人生的一大幸事！这已经超出了教师专业发展的范畴了，这是一名教育人的幸福所在。各美其美，美美与共，真好！

图书在版编目（CIP）数据

打造最美的教室：教室环境布置创意设计与典型案例/洪耀伟编著.
—上海：华东师范大学出版社，2020
ISBN 978-7-5760-1032-9

Ⅰ.①打… Ⅱ.①洪… Ⅲ.①教室—室内布置 Ⅳ.① G481

中国版本图书馆 CIP 数据核字（2020）第 225118 号

大夏书系·教育艺术

# 打造最美的教室
——教室环境布置创意设计与典型案例

| | |
|---|---|
| 编　　著 | 洪耀伟 |
| 责任编辑 | 任媛媛 |
| 责任校对 | 殷艳红　杨　坤 |
| 封面设计 | 奇文云海·设计顾问 |
| | |
| 出版发行 | 华东师范大学出版社 |
| 社　　址 | 上海市中山北路 3663 号　邮编　200062 |
| 网　　址 | www.ecnupress.com.cn |
| 电　　话 | 021-60821666　行政传真　021-62572105 |
| 客服电话 | 021-62865537 |
| 邮购电话 | 021-62869887　地址　上海市中山北路 3663 号华东师范大学校内先锋路口 |
| 网　　店 | http://hdsdcbs.tmall.com |
| | |
| 印 刷 者 | 北京季蜂印刷有限公司 |
| 开　　本 | 700×1000　16 开 |
| 插　　页 | 1 |
| 印　　张 | 17.5 |
| 字　　数 | 256 千字 |
| 版　　次 | 2020 年 12 月第一版 |
| 印　　次 | 2020 年 12 月第一次 |
| 印　　数 | 6 100 |
| 书　　号 | ISBN 978-7-5760-1032-9 |
| 定　　价 | 52.00 元 |
| | |
| 出版人 | 王　焰 |

（如发现本版图书有印订质量问题，请寄回本社市场部调换或电话 021-62865537 联系）